在日コリアンと在英アイリッシュ

オールドカマーと市民としての権利

佐久間孝正［著］

東京大学出版会

KOREANS IN JAPAN AND IRISH IN THE UK
Old-comers and Citizen Rights
Kosei SAKUMA
University of Tokyo Press, 2011
ISBN 978-4-13-050175-0

はじめに

本書の目的は、日本のこれまでの代表的な外国人である在日韓国・朝鮮人の置かれている状況を、イギリスのアイルランド人と比較することによって、「在日」はもとより日本の外国人が置かれている特徴を探ることにある。現在日本には、多くの外国人が来ており多様化しているが、戦前から日本と関係の深い外国人は、朝鮮半島から来た人々であり、イギリスでかれらに相当するのはアイルランド人である。

これまで在日韓国・朝鮮人の置かれている問題に関しては、多くの研究書が刊行されており、近年は当事者による研究も盛んに行われている。しかし、従来の研究は、日本のなかで在日韓国・朝鮮人がいかに特殊な状況に置かれているか、その実態に関するものが主で、かれらに相当する他国の人々との比較研究はほとんどない。日本と同じような小さな島国で、日本同様近隣へ侵略することにより、現在に至るまで不幸な関係を生みだしたのはイギリスであり、生活を踏みにじられたのはアイルランド人である。

本書は、日英の旧植民地住民を比較することによって、これまでの在日研究に新たな光を当てようとするものである。

本書の特徴には、以下のようなことが考えられる。

一、日本ではイギリスに関する研究書は、多く出ているが、アイルランドに関してはあまりない。あってもイギリスとの関係で北アイルランド問題に傾斜している。本書は、イギリスの北アイルランド問題ではなく（それは筆者も以前ふれたし、他書に譲る）、分断される前、あるいはされた後も主な対象はアイルランドである。その際、プロテスタント国イギリスに対するカトリック国アイルランドの抵抗という視点を重視し、そのエネルギーがアイルランド民衆にいかなる規範なり生活を強いることになり、それが「文化」にまで昇華していったのか、同時にEU（欧州連合）加盟を契機に多国間交流が行われることにより、近年はどう変化しているかの、その意味ではEUへの加盟がどうアイルランドを変えたかを明らかにしている。

二、アイルランドは、イギリスに八〇〇年にもわたる従属を強いられ、多くの民衆が以前から海外に流出していた。イギリスにもアイルランド人・コミュニティは多く、フリードリッヒ・エンゲルス（Engels, F. 1820–95）の有名な『イギリスにおける労働者階級の状態』は、当時のイギリスの労働者と並んでアイルランドの移民労働者の生活を克明に分析している。

かれらの生活がどれほど悲惨であったかは、多くの虐げられた者への共感を惜しまなかったエンゲルスにさえ一片の同情すら生まなかったほど「非文明的」にして、目をおおいたくなる貧困ぶりであった。当時のエンゲルスには、かれらの貧困を植民地関係のなかでみる視点が欠けていたが、この背景にはさらに、歴史を「文明化の過程」とみる独自の見方もかかわっている。すなわち、ヨーロッパ辺境の地アイルランドの弱小民族、ケルティッシュには、世界史・人類史を文明化する力は欠けているとみたのである。

一九世紀は、多くの植民地を獲得するためにも——植民地化されないためにも、洋の東西を問わず文明化が各国の大きな関心事であったが、これとの絡みでアイルランド問題はエンゲルスのような社会主義者にとってもつまずきの石であった。その理由の一端が、当時のイギリスの植民地と文明化との関係で考察されている。

三、欧米で歴史が文明化の過程にあると思われていた時代、東アジアの急速な文明化を意図したのが日本である。ただしヨーロッパでは、文明化、近代化の中心にはしばしばキリスト教が重要な役割を果たした。すなわち神は未開を好まず、開化されることを望み（cultivate → culture）、そのためにも神の意志を実行する白人に、神はその手足となって働く原住民を奴隷として遣わしたとの信念である。しかし日本には、この文明化イデオロギーの中心となる強力な一神教が存在しなかった。そこで持ち出されたのが、鎌倉以降八〇〇年も政治の表舞台から遠ざかっていた天皇である。

徳川幕藩体制の崩壊期を迎えても、その勢力に代わろうとする薩長には、二六〇余年も続いた徳川に代わる正当性を民衆に作り出す力がなかった。そこで急遽国民統合の正統化に担ぎ出された天皇には、一神教とは異なる日本的な神仏信仰も結合することになり、明治期、日本に西洋医学を導入するために来日し、のちに「日本近代医学の父」ともいわれたドイツ人エルウィン・ベルツ（1849–1913）も驚くほど、他国の君主にみられない大きな力が付与された。その帰結の一端は、第二次世界大戦のアジア各国へのさまざまな惨禍となって現れ、この問題は現在も未決のままである。

四、戦後、過去の反省に立ち再出発を期した日本ではあるが、たとえば江戸末期に外国人とみれば攘夷の対象とみなした外国人観は、どれほど払拭されただろうか。日本には二種類の外国人がいるといわれるが、明治期に不平等条約を押しつけられた欧米人に対するコンプレックスとアジア人に対する優越感は、今なお顕著な日本人の外国人観ではないか。

それが証拠に、「外国人問題と多文化共生」といわれるが、英語やフランス語のできる欧米人は、日本語や日本文化を知らなくてもあまり問題とはされず、直接共生の対象ともみなされない。むしろ対象とされているのは、日本より経済的に劣る国の出身者が日本語や日本文化の理解を深め、かれらの存在を問題化させないことであり、その意味ではこの背後には、共生という名の同化が隠されている。

本書では、イギリスにいるアイルランド人等との比較において、日本の多文化共生の人種性、階級性も同時に問われている。

五、それだけに日本ではこれまで、外国人のなかでも長期滞在者、たとえば永住者や定住者の権利の問題は、ほとんど考慮されたことがなかった。民主主義には、地域を構成する住民の多くの意思を反映させることが不可欠である。しかし、地域に占める外国人の比率が、たとえ五人に一人、四人に一人の地域があっても、かれらの政治参加が問われることはない。すなわちこれまでの日本では、長期滞在外国人のデニズンシップ（参政権に代表される社会参加への諸権利）の問題は、ほとんど不問にされてきた。本書では、アイルランド人がイギリスで置かれている状況から、今後の日本における永住者や長期滞在外国人の権利の問題も重視されている。

六、日本で置かれている外国人のこうした特殊な状況が、たとえばかれらの子どもの就学にも多くの影を投げかけている。外国人生徒の高校進学率や大学進学率が非常に低いなかで、オールドカマーの生徒をみてもその扱い方が今なお問題を含んでいることがわかる。

たとえば日本で生まれ、日本で育ったオールドカマーの子どもでも、朝鮮高級学校には、センター試験に際し、日本の高校のように学校単位で受験資格が認められていない。大学受験の資格の有無も、各大学の個別判断による。またたとえかれらが大学を修了しても、公務員や教諭への道にはいくつかの壁がある。日本には、特別永住者、永住者、長期滞在者であっても地域に生きる「市民」としての権利が認められていない現実がある。

七、近年、民主党政権になり、東アジア共同体がにわかにいわれ始めているが、宗教や国の規模において類似した集まりのEUとの比較は危険なこと、東アジアには北朝鮮や中国のように民主化の途上でかつ世界人口の五分の一を占める国も存在するなど、EUとは異なる要素が多すぎる。その意味では、自由貿易協定（FTA）のような二国間協定を確実に進めていく地味な方法も見逃せない。

ただ、イギリスとアイルランドの関係がこのところ改善されているのは、二国間どうしの話し合いだけではなく、EUぐるみでの多国間交流の強化によって、過去の記憶が癒されているのも事実である。人の自由移動までは慎重でも、アジア地域間の共同体並みの交流強化は図る必要がある。そのうえで、現在中国人の来日がさかんになっているが、「五族の中国」ともいわれるように、中国人はそれぞれ送り出し地域によって、文化や宗教、宗族の言語、習慣も異なり、中国一ヽ、ヽ、カ国民が来日しているのではなく、多様な民族が来日しており、日本社会がますます多文化化・多民族化している認識が重要である。

八、こうした多民族との共生には、国内法だけでは不十分であり、外国人のなかには、現在の日本社会の人種差別に対し日本の国内法ではなく、国際法に訴えるケースも増えつつある。日本には、ヨーロッパのように国内法の上位に位置するEU法に相当するものはないが、国連や国際機関を舞台に多くの国際規約や人権条約を批准し締結しており、国民はもとより法曹界関係者も含め法のグローバル化、法の国際化にもっと敏感になるべき時代を迎えている。
大略以上のようなことが本書の特徴になるかと思われるが、一言、用語に関しお断りしておきたい。それは「オールドカマー」という表現である。カマーとは、当人の意思で「来る人、来た人」のことである。しかし本書で対象になっている人は、ニューカマーはともかく、オールドカマーに関しては、当人の意思ではなく「連行」された人もいただろうし、それ以上に三世、四世、ときに五世も対象になるので、自らの意思どころか、日本生まれの人も多い。

このような事情を考慮するとカマーという言い方は誤解を招き、むしろ「オールドタイマー」とすべきかもしれない。しかし、国際結婚の子どもへの種々の偏見打破のために、「ハーフ」と呼ばずに「ダブル」といい始めてだいぶたつのに、一般の人には、いまだにダブルは定着していない。それと同じく、オールドカマーですら多くの人にはわかりづらいのに、オールドタイマーはもっとなじみが薄いと思われるので、本書ではオールドカマー、ないしは旧植民地住民と記している。

また、本文には、在日朝鮮人、在日韓国・朝鮮人、在日コリアン、さらにアイリッシュとアイルランド人のそれぞれ複数の呼び方が登場する。戦前までの朝鮮半島出身者には在日朝鮮人を、戦後朝鮮半島が分断されたあとは、その政治性・歴史性を意識しつつ在日韓国・朝鮮人を、近年のニューカマー韓国人も含む場合や区別の要のないところは、在日コリアンとした。アイリッシュの方は、ブリティッシュ等ほかの外国人名との関連で文脈に応じて使いわけた。やや、煩瑣に感じられるかもしれないが、ご寛恕いただければ幸いである。

なお、本書に収録の写真はすべて筆者が撮影したものである。また、本文中の敬称は省略した。

在日コリアンと在英アイリッシュ——オールドカマーと市民としての権利／目次

5章　市民権の日英比較　129

1章——参政権への問いかけ

方法としての比較

社会学に比較社会学といわれる分野なり方法がある。当の対象をほかの対象と比較することにより、当該対象の特徴を個別的なものとはみないで、ほかとの関係性のもとでその個性や特徴を把握していく立場なり、方法のことである。

われわれは、ある現象を認識しようとするときその対象に集中し、特徴を明らかにしようと努めるが、対象をみているだけでは何が「特殊的」であり、何がほかの対象にも共通した「普遍性」なり「一般性」かを確定するのは難しい。ほかの現象とも関係させることによって、「特殊性」も「普遍性」もより正確に認識することができる。

社会学のこの方法を、ここでは在日韓国・朝鮮人とイギリスのアイルランド人との関係に応用していくことにしたい。

二一世紀になって、在日韓国・朝鮮人に対する関心も転機を迎えている。もともと韓国に対する関心は、二〇世紀末あたりから高まり二〇〇二年のワールドカップ開催をきっかけにいっそう弾みがつき、二〇〇四年には「冬ソナ」現象によって一気に大衆化し、「韓流」ブームともいわれる形で両国の交流は、草の根的な領域にも浸透していった。

世界同時不況の最近も、円高を背景に韓国訪問者が増えている。その六割は女性といい、美容・整形に対する関心などともいわれているが、近年は男性にも韓流現象が起きつつある（『毎日新聞』二〇〇九年四月一一日、同年一一月五日）。韓国に行くばかりではない。韓国で放映された人気テレビドラマのロケ地となった秋田県には、〇九年末から一〇年にかけて多くの韓国人が訪れ、なまはげ記念館などは、突然の大にぎわいという（『朝日新聞』二〇一〇年四月二一日）。韓流ブームならぬ日流ブームである。

映画といい美容といい、生活の身近なところまで両国の関係が緊密化していることは、かまえない分、自然な交流がようやく始まろうとしており喜ばしいことだと思う。こうした大衆化に呼応し、韓国や在日韓国・朝鮮人に関する書物も数多く出版されている。

しかし、人々の交流がさかんになり書物が多く出るのは喜ばしいが、そのことは必ずしも研究の深化を意味しない。むしろ旅行記や体験記が多く出回ることによって、在日韓国・朝鮮人をめぐる問題がかえってみえにくくなる向きも否定できない。ちなみに、特別永住者や永住者の選挙参加をめぐっても、依然として外国籍のままでの選挙権付与には否定的な意見が強いなど、かれらを取り巻く状況

写真1　西大門刑務所歴史館

に本質的な変化はない。

求められる過去へのまなざし

私自身の経験でいうと、本書執筆のため二〇〇八年夏季にソウルに滞在した。韓国の外国人問題と多文化研究の意見交換のためである。滞在中、植民地時代の記念館もできるだけ訪問してみたが、特に印象に残ったのは、西大門刑務所歴史館であった。これは朝鮮半島植民地化の時代に、朝鮮の独立を求めて抵抗運動をした人々への弾圧を再現した資料館である。蠟人形や当時の写真、資料に基づく拷問の姿など、日本人にとって愉快な歴史館でないのは事実である。しかし、新しい友好関係を結ぶのであれば、過去のこうした悲惨な事実にも目をつぶらずに、むしろその反省を踏まえつつ新しい関係構築をめざすのでなければなるまい。

訪問したのが夏休みということもあり、韓国の多くの子どもたちや家族づれの姿が目立った。すでに学校の始まったところもあるとみえて、教員に伴われてノート持参のグループもあった。私が館内の解説を読むときは、日本文があればそれにひきつけられるし、ない場合は英文になるから、そばの地元の人には私が何ものかはわかるはずである。そうした目線のなかで見続けていくことは、たしかに辛いことではあるが、子ども期からこのような歴史的事実を見続けている現在の韓国民の感情を理解し、新たな次元で隣人との友好関係を構築するには、過去の歴史に学ぶことも不可避な作業に思われる。

しかし、私の韓国案内本には、この歴史館は載っていなかった。結構人気のガイドブックにもかかわらずである。これほどの資料を収集している歴史館が載っていないことに、ある種の「政治性」を感じずにはおられないが、それなりの意図があってのことだと思う。現地で入手した日本の出版社によるパンフレットには、詳細な韓国映画のロケーション（撮影場所）まで記入されていたが、これは現在のブームを支えているものがどこにあるのかも示している。一般の人々が韓国を訪問するのは、過去への謝罪でもなければ、何か科学的な根拠を求めてでもないことはいうまでもない。そうしたことと別のところでも交流が深化していくことは、喜ばしいことである。しかし、過去へのまなざしをまったく欠いた交流に、新しい関係が構築できないのも事実である。

ヨーロッパの一角では、過去の戦争や悲惨な植民地化への反省を踏まえ、国どうしの新しい関係構築・統合の実験が始まっている。いうまでもなく旧東欧圏をも巻き込む形で、いまや空前の広がりに達しているＥＵの存在である。これらの加盟国には、過去、侵略や殺戮の生々しい記憶をとどめている国どうしも珍しくない。そもそもEUの前身となったヨーロッパ石炭鉄鋼共同体（ECSC）は、永遠の宿敵と思われたドイツとフランスの和解を意図して始まったものである。ドイツとポーランドも悲惨な記憶を過去にとどめている。これらを振り切っての巨大な実験の進行である。

他方、日本やアジアに目を転じるとこのような動きに当たるものがない。そこでここでは、日本の在日韓国・朝鮮人の問題をイギリスのアイルランド人と比較することによって、かれらが、欧米先進国や世界的文脈でどのような状況に置かれているのかを把握することにした。現在、世界で問われている問題の何が解決され、何が未決なのか、ほかとの関係性のもとで比較しながら問題の所在を確認しようというわけである。

問題提起者の一人はイギリス人

参政権に対する在日外国人の問いかけには、長い歴史がある。一九七五年、当時北九州市在住の崔《チェ》昌華《チャンホア》は、市長への公開質問という形で市会議員の選挙権並びに被選挙権を問いただした。

崔は、日本在歴二〇数年、北九州市で教会を開き牧師として活動するかたわら、朝鮮人の名前を現地発音にする運動家としても知られた人である。選挙に関しては地方選挙権の問題とはいえ、このときは選挙権だけでなく、公営住宅への入居資格と児童手当も含めての請願だったこともあり、一地方自治体の手に余る問題とされ、崔はその後、総理大臣にも質問状を提出している（李・崔編、二〇〇六、一一一頁）。

これ以降、外国人の参政権をめぐる問題は、在日韓国・朝鮮人だけではなくほかの永住者によっても取り上げられることになる。一九八九年一一月、イギリス人のヒッグス・アランは、永住外国人に国政選挙権が与えられないのは、国の民主主義の観点からも憲法に違反していると訴えた。当時、かれは日本人女性と結婚し、日本国籍をもつ二児の父親だった。かれ自身はイギリス国籍であったが、二年前の八七年には永住許可を得ていた。

筆者は当時、なぜイギリス人がと思ったのであるが、その後イギリスとアイルランドの関係を調べていくうちに、かの国の人なら当然いだく疑問であることに気づかされた。イギリスでは、以前の英国臣民だったアイルランド人には一九四九年に、ほかの連邦国出身者には一九八一年に、国政、地方を問わず選挙権を付与している。訴えたかれらのなかには、当然、永住者が含まれる。本国イギリスの選挙制度からしても、民主主義の性格からしても永住者に選挙権を付与しないのは憲法の精神に悖《もと》ると考えたのである。

かれらの主張には、二つの点で大きな意味があった。一つは、直接には参議院選挙や地方選挙で投票できなかったことに発したとはいえ、地方参政権ではなく国政選挙権を問題にしたということ、二つは特別永住者の問題としてというよりは、一般の外国人永住者の選挙権として問題にしたことである。それは戦後処理の一環として限定された問題としてではなく、国際化に向けて真に開かれた日本社会の基本にかかわる問題を含んでいたからである。

その後、このときの議論がきっかけとなり、外国人の参政権が在日韓国・朝鮮人の人々を中心に地方参政権の問題として議論されるようになり、国会でも各政党の立場が問われるまでになっている。しかも、永住外国人の参政権は、本来地方にとどまるものではなく、国政にまで及ぶととらえる人もいるし、民主主義の徹底という意味では、選挙権のみならず被選挙権も含めて考えるべきだという人もいる。事実、外国人の参政権を問いただした一人、アランは、参議院という国政選挙がきっかけであった。

しかし現実には、憲法上の問題もあり外国人の選挙権はもっぱら地方選挙権として議論されている。この背景には、特別永住者を除く在日韓国人は、本国で「在外国民」として、在日朝鮮人は「海外公民」として、それぞれの祖国で国政選挙権の権利が認められていることなど、在日外国人の多数を占める相手国との事情も関係している。

この問題は複雑で、韓国でも日本の特別永住者、一般永住者、定住者で本国（韓国）に住民登録のない者は選挙権を行使することができないし、北朝鮮でも、在日朝鮮人が選挙権を行使することはなく、ただ在日本朝鮮人総連合会（以下総連と略）の幹部の一部に最高人民会議の代議員になっている者がいるに過ぎない。ただ韓国では〇八年に、韓国に住民登録のない海外人に対し、選挙権を与える法改正を行い、二〇一二年から施行されることになった。日本やアメリカに住んでおり、帰化しない人への配慮である。

とはいえ、現在問われている権利が在日の人々に認められても、イギリスとアイルランドとの間に認められている相互的な権利からすれば差のあることは、やがて比較によって明らかになるだろう。

現在世界には、七〇〇万人弱の在外同胞（大韓民国国民の海外永住者）が生活しており、アメリカだけでも二〇〇万人以上が生活しているが、かれらと日本の在日韓国・朝鮮人はどう違うのか。こうしたことも比較しながら考えてみたい。

コラム①　比較文化のパラダイム

東西をこんにち流に比較文化論的に考察する上で大きな影響を与えたのがウェーバー（Weber, M. 1864-1920）だ。かれは、地球上の東と西の人々で、日常行為のあり方が異なること、その背後に文化的、宗教的なものが深くかかわっているとみた。ただしここでいう東西とは、地理上の東と西を意味しない。東とは、非ヨーロッパ圏にして、非キリスト教圏のことである。

一例を挙げれば、両親への孝の観念が何にもまして優先する中国では、親と子が人間として等しい価値をもつなどということは想像すらできなかった。ウェーバーが挙げた例は、酔っ払った息子といさめた母親の間でつかみ合いの喧嘩となり、母親が数人の男を雇って息子を生き埋めにしたが、男たちは不正のかどで罰せられたもののすぐに減刑となり、まして母の処罰などは問題にすらならなかったというものである。

他方イエスが弟子たちに語った親子関係で重要な言葉は、親をも敵にしえない者は、自分の弟子ではないというくだりである。中国では、「愛を立つるは親より始まる」（礼記）、「その親を愛さずして他人を愛すること、これを背徳という」「父子親あり、君臣義あり、夫婦別あり、長幼序あり、朋友信あり」（孟子）の世界である。中国では、肉親の上下関係、血縁関係が一切の関係に優越するのに対し、キリスト者の世界では個人と神との関係が親子間以上に優先する事実である。血より、共通の信念、信仰に基づく社会関係の構築である。

ここから、前者にあっては、人のいかんを問わない愛などというのは犬、畜生の類だとされるのに対し、後者からは、それこそ親子の血縁関係といえども例外なくいったんは神の前で解体し、その上で神を通して結びつく、その意味では非血縁の他人をも神の前で対等とみるのがより普遍的な愛なのだとの観念も生まれてくる。親といえども人一般がもつ権利、人権としては、子も同じなのだとの観念である。

現在日本の学校には多くの外国人児童生徒が学んでいる。そのかれらが、日本の学校文化で不思議に思うことに、先輩・後輩関係の複雑さがある。特にクラブ活動のような学年を超えた横断的な対人関係の場では、日本の子どもなら上級生に対し言葉づかいから区別する。ところが、中国、韓国の子どもにはこのような学校文化が理解できても、中南米から来た子どもには理解できないことが多い。両親や先生ならいざ知らず、どうして一歳や二歳違うだけで、言葉づかいや態度まで気配りしなければならないのかというわけである。

このところの日本の学校には、中国系の就学児童生徒が急増しつつある。かれらを受けもつ教員たちによると、学校で何か注意されることが起きると、なかには親たちに連絡されることを極度に恐れる子どもがいる。中国系の子どものあいだでは、親は、体罰も含め、依然として恐い存在なのである。

考えてみれば、日本近隣の文化圏には、人間関係のなかに細かな血縁や年齢差により、相手の呼び方や接し方まで変えていく網の目のような習慣や道徳が存在している。ウェーバーは、東西文化比較論の視点から、このような人間の諸行為を最深部から規定するものとして、人々にとって関心ある救済観念、宗教が関係しているとみたのである。この見方は現在、日本に来ている外国人の文化や行動を理解するうえでも参考になる。

2章——イギリスのアイルランド支配　怨念の歴史

イギリス最初の「植民地」

イギリスのアイルランドへの進出はかなり古い。北アイルランド問題に関しては、八〇〇年にもわたる怨念の歴史といわれるように、日本が明治以降になって本格的に朝鮮半島に侵略したのとは、かなり状況が異なる。植民地とは、国家が形成されてから相手国を暴力により従属させることだとすれば、アイルランドのイギリスへの従属は、近代国家形成にはるかに先立つ。ここでは本書との関係上、イギリスのアイルランド進出に伴う問題の推移を三つに分けてみておこう。

一つは、アイルランドの教会改革とその任を認めたローマ法王の許状を楯に、ヘンリ二世（Henry II 1133-89）によって開始された侵出から宗教改革前までの時期、二つは、ヘンリ八世（Henry VIII 1491-1547）による宗教改革からクロムウェル（Cromwell, O. 1599-1658）による侵略の時代、三つは、一八〇一年の「アイルランド合同法」成立以降から現代までである。

第一の時期の特徴は、交通手段もあまり発達していない時期だったので、イギリスの入植者がしばしばゲール化した時代である。たしかにヘンリ二世は、アイルランドの東や南の豊かな土地を取り上げ、ウェールズ地方の豪族を入植させていったが、かれらはしだいにゲール化し、土着化していった。それに業を煮やして出されたのが、新規入国者を中心にゲール語や土着の服装の着用を禁止した一三六六年のキルケニー法である。これを境にイギリス人によるゲール語の使用は禁止され、イギリスの直轄地ともいえるダブリン周辺のイングリッシュ・ペイル内（ダブリンを含む約二〇マイルの英語使用圏）では、アイルランド人であってもゲール語が禁止された。また両民族の結婚も禁止され、植民地住民は厳しい統制下に置かれた。

しかし、イギリスとアイルランド問題になんといっても悲惨な植民地関係をもたらしていったのは、第二の段階、すなわち宗教改革以後である。ウェーバーは、人類史上凄惨な殺戮にはいつも宗教が関係していることを見抜いていたが、クロムウェルによるアイルランドへの侵略・殺戮はその見本である。

人間は正常な感覚では、人を殺せるものではない。特に集団単位の殺戮は、尋常な人間の感覚をはるかに超える。集団単位の殺戮の背後には、むしろ特異な宗教的観念や使命感が関係している。自己のつかえる神の意図を果たすために、異端者に死をもって報いることが神の使者なり信者のつとめであるとの観念が、殺戮を正当化、合理化するのである。

もともと宗教改革としては中途半端なアングリカンへの批判から生まれたピューリタンからすれば、

アイルランドのカトリック教徒は、まさに邪教につかえる犬・畜生にも劣るものにみられた。生かしておくことは、やがて邪教をはびこらせることになるので、それこそ村ごと、町ごとに一掃することが、神の名によって正当化された。神は異端の存在を喜ばないのである。

イギリスのピューリタンは、選民観念がことのほか強いといわれる。宗教改革によってプロテスタントの仲間入りをしたイギリスは、カトリック教徒の国アイルランドを伝統に縛られた、頑迷固陋で迷信的な国とみて、他方で自分たちの国を進取の気性に富む革新的な国とみた。そうであれば、神の栄光を高める民としても、邪教を絶つ使命を確信していたのである。そのため土地の収奪も凄惨を極めた。

通常、植民地の支配者は、従来の地主や貴族などの支配者は追い払っても、下男などの労役夫は、新たに隷属させて使用するのが一般である。しかしイギリスの入植の仕方は、土着の民衆を上下の別なく、すべてを入れ替え作男まで排除した。この方法は、のちにアメリカの入植にも応用される。白人は、アメリカ・インディアン（ネイティブ・アメリカン）から奪った土地を、かれらの一部を使役しつつ開拓するのではなく、部族ごとにそっくり追い出し、土地ぐるみ取り上げ混血を避けたのである。黒人奴隷は、このような居住者総入れ替えに伴う労働力確保の必然的な結果だった。

こうして土地を追われたアイルランド人は、イギリスに来るしかなかった。当時、イギリスですら四人に三人までが農村に住んでいた。農地を追われた農民が都市に流れるのは当然であり、イギリス以上に農業社会だったアイルランドで農地を奪われた農民には、イギリスに来るかアメリカに行く以外に、道は残されていなかった。「Go to Hell or Connaught 地獄に行くかしからずんばコンノートへ行け（英語で Connacht、アイルランド語で Connachta とも標示）」といわれたアイルランド西海岸は、大西洋のからっ風によって土の吹き飛ばされた岩肌だけがごつごつした不毛の大地であった。のちにアイルランド人は、アメリカの独立のためにイギリスとの戦いに重要な役割を果たすが、かれらのなかには祖国アイルランドの独立に自らの運命を重ねて闘った者も多かった。

こうして一部の者は、浮浪人となったりもの乞いとなる。それに追い打ちをかけるように一八二四年に浮浪人取締法が出る。これは当初は、もの乞いの増大により社会不安が増すのを防ぐため治安対策上、イングランドとウェールズに適用されたものだが、のちにはアイルランドや隣のスコットランドにも拡大されていった。

もともとカトリックの国アイルランドでは、浮浪人は保護の対象であっても追放の対象ではなかった。カトリックにとって貧者への施しは、イスラーム同様、神につかえる者のつとめでもあった。しかし、プロテスタントにとって貧しい者は、自助努力の足りない者である。プロテスタントの宗主国イギリスは、貧困の意味も変えてしまったのである。

フランスがイギリスをつくった

第三の時期は、一八〇一年の「アイルランド合同法」成立から現代までである。イギリスがアイルランドとの「合同」にこだわったのは、永遠のライバル、フランス対策による。戦争こそイギリス人のブリティッシュネスを自覚化させ、さまざまな地域の差にもかかわらずイギリス人を「国民」として統合したとする『英国国民の誕生』の著者リンダ・コリーにしたがえば、イギリス人の不安は、いつカトリックの強国フランスが、同じカトリックの地アイルランドを橋頭堡に攻めてくるかということだった。国民意識の形成に「政治的運命の共有化」は不可欠であり、グレート・ブリテン島がイングランド、ウェールズ、スコットランドの多様な差異にもかかわらず連合しえたのは、大陸の強国フランスの存在である。

イギリスを囲むアイルランド、フランス、スペイン等カトリック国の存在こそ、同じプロテスタントといえども差異の多いイングランド、スコットランド、ウェールズをかろうじて結びつけたものである。

ノルマン・コンクェスト（コラム②参照）によりイギリスの王制が開始されて以来、現在のエリザベス女王（Elizabeth II 1926–）まで四〇人以上の王妃がいる。うちフランス出身の王妃は、イングランド出身の王妃と同じ一〇人に及ぶ（森、一九九六、七頁）。しかし両国の関係は、「フランス生まれの王妃でイギリスに至福をもたらした者なし」といわれる間柄である。以前イングランドが、一地方のジャコバイトの反乱（名誉革命後親カトリックゆえに追放されたジェームズ二世（James II 1633–1701）を王に復位させようとする主にスコットランドの運動）にまで過度に神経質になったのも、スコットランドがフランスと組むことを恐れてのことであった（Colley, 1992, 八三頁）。それだけにアイルランドの「合同」は、カトリック国どうしの連合を断つためにもイギリスにとって必須だった。

この両国は、幕末期、遠い日本を舞台にしてまでライバル意識をむき出しにしている。イギリスが薩摩を支援し、フランスが徳川慶喜（1837-1913）に武器・弾薬の援助を申し出ることによってである。イギリスに何としても一矢を報いたかったフランス人の一部は、五稜郭の最後の戦いにまで参戦したほどである。イギリスによるアイルランドの「合同」は、カトリックによるヨーロッパ制覇を阻止する上で避けられない道と考えられていた。

しかし、アイルランドとの「合同」は不平等であったから「合同」後もアイルランド人の生活は悲惨だった。しばしばいわれる通り、一九世紀は、ヨーロッパ列強の富が増大する時期である。そのためどの国も人口が著しく増えた。唯一の例外がアイルランドである。一説によれば、最盛期に八五〇万人に達した人口は、半分にまで激減したといわれる。理由は、土地を奪われた農民のイギリスやアメリカへの移住であり、飢饉による餓死である。隣国イギリスとの経済格差が、民衆には文化の格差と写り、民衆をより文明の中心地へと誘導する。これは日本でも国内では、農村から都市への、海外では朝鮮半島から日本への人の移動にも広くいえたことである。

一九九七年六月、長らく続いた保守党に代わって就任したばかりの労働党ブレア首相（Blair, T. 1953-）は、アイルランドのコーク州で開かれた「大飢饉を考える集会」に寄せて、一八四五—四九年のポテトの飢饉に一〇〇万人の犠牲者をだしたのは、イギリスが有効な手段をとらなかったからだと述べて歴代の首相としてはじめて公式に謝罪した。しかし、これについても北アイルランドのプロテスタントが、謝罪は新たな謝罪を要求させるだけとして反対するなど、今なお尾を引く問題である。

日本でも二〇一〇年は、韓国併合一〇〇周年であった。菅直人総理は、この節目にあたり同年八月一〇日に「歴史に対して誠実に向き合いたい」として、併合がときの「政治的・軍事的背景の下」で「当時の韓国の人々」の意思に反して行われたことを、首相談話の形で謝罪した。しかしこれに対しても野党はもとより、同じ民主党内にも謝罪はすでに終わっているとして、新たな賠償問題の再燃を懸念し、反対の声も強かったことは承知の通りである。

しかも植民地支配の根が深いと思われるのは、ブレア首相の謝罪もアイルランド、ないしはアイルランド民衆に対してであって、今なお、実行支配の続いている北アイルランド問題に対してではない。同様に菅総理の謝罪も、「韓国の人々」となっており、当時、植民地前の朝鮮半島は短期間ながら大韓帝国と呼ばれ、かつ条約も「韓国併合に関する条約」であったから、この「韓国の人々」には、当然北朝鮮の人々も含まれると解すべきであるが、日本政府は北朝鮮を国家と認めていないので、現在のインターナショナルな国家間での正式な謝罪にはなっていない。

いずれにしろ両国とも植民地の清算は、まだ終わっていないのである。

増長する偏見

こうした侵略に歩調を合わせるかのように、アイルランド人に対する偏見も増幅していく。イギリスが世界を植民地化するとき、あたかも良心にとがめられたかのように、植民地支配を正当化する理由が求められた。その答えが、遅れた地域の文明化であった。いわくイギリスは、世界の「文明の使者」なのだと。これについては、労働者の解放を熱心に説いたマルクス（Marx, K. 1818-83）のような思想家すらその影響から無縁ではなかった。

かれは今から一五〇年以上も前の一八五三年に、人類解放という新しい社会建設のためにアジアの野蛮な非文明性を乗り越えなければならないとすれば、「イギリスの犯した罪がどのようなものであるにせよ……無意識に歴史の道具の役割を果している」（『全集』一三巻、一二七頁）として、インド人が自生的に文明化しえない以上、イギリスの支配もやむをえないとみた。この論理は、非ヨーロッパ圏のみならず隣国アイルランドにも応用された。

またマルクスは、「イギリスの粗野な労働者はアイルランド人労働者を、賃金と生活水準を低下させる競争者として憎んでいる」（同一六巻、四一一頁）ばかりか、イギリス人のアイルランド人をみる目は、北アメリカの白人が黒人奴隷をみる目に通じるとして、そこに類似の人種的偏見をみていた。支配者とは、いつの時代も支配を正当化する手段として、相手国の非文明性を宣伝するものである。幕末に開国を迫ったアメリカがそうだったし、その後朝鮮に開国を迫った日本も同様だった。

イギリス側のアイルランド人に対する「飲んだくれ」「非文明性」「カトリック野郎の頑迷固陋さ」など、プロテスタントのカトリックに対する反感、ステレオタイプにまで昇華したその憎悪は、ウェーバーの名著『プロテスタンティズムの倫理と資本主義の「精神」』にも描かれているほどだが、これらのステレオタイプが民衆統治にいかんなく利用された。

こうしてプロテスタンティズムは、隣国アイルランドと自分たちとを区別するうえで、欠かせぬ役割を果たしたが、このような偏見を土地を奪われた被抑圧者の問題として理解する人は意外に少なかった。この点では、エンゲルスも同罪である（エンゲルス、一九八九）。エンゲルスのアイルランド人論も、偏見を助長させるのに一役買った。かれのようにプロレタリアートの解放を熱心に説いた思想家すらアイルランド人に言及するときは、その貧困、不潔、怠惰を暴くのに容赦ない。

「ダブリンの貧民地区は、世界中でもっとも不快な、最も醜いものの一つである。もちろんこれには、事情によっては不潔なもののなかではじめて気楽に感じるアイルランド人の民族性が、関係している」（同一巻、一〇二頁）。

「最低の住宅でも、彼らにとっては十分満足である。彼らは、自分の衣服がまだ一本の糸ででもくっつきあっていさえすれば、すこしも気にかけない。靴というものははいたことがない。彼らの食物はジャガイモであり、ジャガイモだけである——それ以上かせいだ分は飲んでしまう。このような種族が、どうしてたくさんの賃金を必要とするであろうか？　あらゆる大都市の最もひどい貧民街には、アイルランド人が住んでいる」（同一巻、一九六頁）。

「このアイルランド人は、生国にいたときと同じように、自分の家に接近して豚小屋を建て、そしてもしそれができないと、その豚を室内で自分のそばに寝させる。大都市におけるこうした新しい異常な家畜飼育法は、まったくアイルランド人によってはじめられたものである」。「彼は豚といっしょに食い、豚といっしょに眠り、その子供たちは豚と一緒に遊び、豚の背に乗り、豚と一緒に泥濘のなかをころげまわる」(同一巻、一九七頁)。

「アイルランド人の場合は、感情や激情が完全にたちまさっていて、理性は、感情や激情のおもむくままにしたがわねばならない。彼らの感覚的な、興奮しやすい気質は、熟慮や、冷静で、たゆみない活動を発達させない——このような民族は、現在いとなまれているような工業にはまったく役にたたない。だから彼らは農業にとどまっていたのであり、またこの農業においてさえ、最低の段階にとどまっている」(同二巻、二二〇頁)。

もはや十分であろう。これらを読むとあたかも不潔にして怠惰で理性を欠いているのは、アイルランド人の民族性そのものに根ざすかの印象を与える。しかしこれは、植民地関係のなかで理解されなければならない。たしかに当時のアイルランド移民家族の生活は、悲惨そのものであったろう。その貧困ぶりは、エンゲルスの想像を超えたものであったに違いない。それは経験的な事実と思われる。

しかし意外なことに、当時のエンゲルスにはマルクスと異なり、アイルランド人の貧困を植民地問題に絡めてとらえる視点が希薄である。労働者や移民労働者の搾取に関する階級論的視点は濃厚にみてとれるが、アイルランド人の貧困をコロニアルな視点からはとらえていない。それどころか、アイルランド人は「祖国では何一つ失うもの」がなく、イギリスでは多くのものを得たとしてむしろ移民に積極性をみている(同一巻、一九三頁)。農業国アイルランドの人々が、最大の生産手段としての土地を奪われているにもかかわらずである。

アイルランド人は「世界史的民族」になれない

こうした見方の背後にあるのは、エンゲルス独自の歴史観である。すなわち歴史は、文明化の不可避な発展過程であり、それは工業の発展によるとの信念である。いわゆる大国史観なり工業史観といわれるものである。大国史観というのは、かれがヘーゲル（Hegel, G. W. F. 1770-1831）の歴史哲学から学んだもので、歴史をリードするのは、「世界史的民族」といわれる大民族で、少数民族は一時的に歴史の方向に寄与することはあっても、長期的には大民族に吸収されざるをえないというものである（良知、一九九三、五四頁）。

社会主義は、工業の発展している産業資本主義を前提にするという立場からすれば、プロレタリアートを大量にもつ産業の発展している国こそ世界史をリードするにふさわしいのであり、農業国アイルランドが工業国イギリスに植民地化されるのも自生的に工業国になりえない以上やむをえないという立場である。この大国史観が独特の「文明史観」となり、工業の発展している大国が、世界史的な文明をリードするという見方となる。

産業の発展している国が、文明も高度なのだという考えは、イングランドのスコットランド支配にもみられたものである。スコットランドの議員などを中心にイングランドの英語やファッションがもたらされると、「帰国」した議員の言葉や行動から民衆は、イングランドのファッションや英語をあらそって身につけようとした。アイルランドにしても同じで、アイルランドとイングランドとの間に横たわる経済的な格差が、模倣を民衆に、より「文明」に近づくための方法として意識化、身体化させていくのである。

人間にとって当時も現在も、文明から取り残される不安ほど、恐ろしく残酷なものはない。朝鮮人を日本へと向かわせたのも、こうした当時の東アジアの中枢と周辺にまたがる経済格差と「文明」への焦燥だった。朝鮮の独立を、中国の革命運動と結びつけて活動していた革命家キム・サン（本名張志楽 1905–38）はいう。「当時の東京は極東全体の学生のメッカであり、多種多彩な革命家たちの避難所だった。自国にはいい大学がないし、日本の大学にはその頃は自由な雰囲気があり戦後の知的興奮に満ちていたから、朝鮮の学生はみんな高等教育を受けに行きたがった」（ウェールズ／キム、二〇〇七、八七頁）。

アイルランド人に長らくつきまとう、「貧困」「怠惰」「不潔」「飲んだくれ」という代名詞は、当時の北ヨーロッパの経済的な中枢―周辺関係が、人々の意識の次元ではこれまでの伝統的な生活があたかも反文明的な生活そのものと思わせるレトリックであった。エンゲルスは、この視点をカーライル（Carlyle, T. 1795–1881）から学んだ。カーライルは近代が、表面的には豊かな商品生産の背後で人々を富者と貧者に引き裂き、あらゆる悲惨を後者が受忍せざるをえないことを目の当たりにしていたが、人間の高貴さを賛美したいかれは、文明という名の近代の「野蛮」性は認識しつつも、それに安住するかのようにみえたアイルランド人の奴隷根性に、植民地支配を通り越し批判の矛先を集中させている。

エンゲルスが、アイルランド人の「野蛮」性を『イギリスにおける労働者階級の状態』で告発するとき、主に依拠したのはカーライルの『チャーティズム』である。カーライルにはほかにも『過去と現在』という重要な作品があるが、そこではあるアイルランド出身の父母が子ども一人亡くなるごとに埋葬協会からもらえる約三ポンド八〇ペンスのお金が欲しいばかりに、三人の子どもを殺した例を紹介している。当時の人々は、「残酷な野蛮人だ、畜生にも劣るアイルランド人め」（カーライル、一九六二、七頁）と非難したが、自分たちの命をつなぎとめるのに、移住先で子どもの命と引き換えなければ入手できない金まで頼らざるをえない貧困を、植民地と結びつけてみる視点は、イギリス文明の先進性を説くカーライルには及びもつかないことであった。これはエンゲルスも同じである。

性のタブー化

これらの歴史に残る貧困は、アイルランド人にその後、こんにちに至るまで性に対する独特の観念をもたらしている。

アイルランドは、性に対するタブーが今なお強い国である。この強さに関しては、ビクトリア時代のピューリタニズムの影響だけでは説明困難である。むしろこの国の性に対するトラウマは、過去に経験した飢饉と密接な関係にある。アイルランドといえば、純潔や貞操観念の人一倍強い国として有名であるが、これはカトリック性ゆえというよりも、歴史上まれにみる飢餓が、人々に晩婚と独身を民族救済の知恵と化した側面の方が大きい。

民衆とは、決して理念だけで動くものではない。カトリックの精神がどれほど高潔なものであっても、人はそれだけで魅了されることはない。むしろ俗物的な利害がらみの方が、民衆の行為を決定していく。アイルランド人の独特の貞操観念は、カトリックとしての宗教固有のものではなく、一九世紀の歴史的飢餓によるトラウマの産物なのである。

一九〇〇年時点で男子の三〇％、女子の二五％が独身であった。一九二六年でも二五―三〇歳で八〇％、三〇―三五歳で六二％、三五―四〇歳で五〇％が独身である。さらに驚くことには、当時、農業経営者の二〇％、農業従事者だと四一％の者が独身である（Ardagh, 1995, p. 201）。アイルランドの結婚が、ほかのヨーロッパと同じ水準になるのは、一九五〇―六〇年代になってからである。植民地時代の貧困は、アイルランド人の性に対する行動様式を一つの「文化」にまで昇華させるよう作用していったのである。

離婚の禁止

離婚が困難だったのも、こうした文脈で理解できる。貧困は、女子の男子への依存をいっそう強化する。依存している女子からはいいだせないのである。アイルランドで離婚が認められたのは、今から一五年前の一九九五年一一月の国民投票によってである。それも賛成五〇・三％、反対四九・七％という僅差であった。その一〇年前の一九八六年の国民投票では、離婚の合法化に反対の人の方がまだ多かった（反対六三％、賛成三六％。ibid., p. 196）。当時すでに年間の離婚者が、平均でも七万件は下らないとみられた時代においてである。

アイルランドで離婚が合法化された時期もあった。それは、イギリスの統治下にあった時期である。しかし一九二二年に自由国になり、イギリス傘下から独立すると二五年に保守党内閣によって離婚が非合法化された。ただし外国での居住者が、海外で離婚した場合は合法である。そのため新たな格差が生じた。金にゆとりのある人が、海外に出かけて離婚することである。

有名なスポーツ選手などは、イギリスに行って離婚手続きを起こすことができる。政府は、一―二年の居住暦がないと海外居住者とはみなさないが、そうなると急ごしらえの離婚手続きを斡旋する業者も暗躍する。ハイチやネバダ州などは居住証明がゆるいので、そうした国や州で生活したことにして離婚の手続きを業者が代行するのである。最近は離婚者も教会に参加することはできるが、アイルランド人の友人の現地情報によると聖餐式には神父により参加が認められないことも起きるという。

このように離婚が厳しいといたましい事例もあとを絶たない。離婚が認められない時代、離婚後の新しいパートナーとの生活は同棲扱いであり、公営住宅に入居することも困難である。アイルランド西海岸の田舎町スライゴ（sligo）でおきた次のような例は、各地で起きている。

「妻は、夫の暴力とアル中に悩んでいたが、やがて夫は家を飛び出しイギリスに行ったきりになってしまった。残された子どもと農地、家畜の世話に妻はきりきりまいであったが、やがてみるにみかねた青年が手伝ってくれることになった。その後青年と同棲することになり、かれらのあいだには子どもも生まれた。地域の老神父も、事情を理解し、教会の出入りも大目にみていた。村人も二人の関係を問題視することはなかった。しかし、やがて老神父は職を辞すことになり、代わりに若い神父が来ると、二人の関係を問題視し始めた。すると村人もしだいに新しい神父の意見に従うようになり、結局青年は地域で生活することができなくなり村を離れた」(ibid., p. 199)。

言語の収奪

植民地時代には言語の収奪も進んだ。宗主国は、いつの時代にも自国の言語を押しつけるものだが、アイルランド語の衰退には貧困までもが絡みついていた。

アイルランドでは、一九三七年の憲法によってアイルランド語が第一公用語に定められている。英語は、第二の公用語に過ぎない。アイルランド語復活の動きは、一九二二年の自治州成立時の憲法第四条にさかのぼる。アイルランド語は、アイルランドの土着の言語であり、一七世紀まで人々はアイルランド語を使用していた。しかしその後は、英語におされて、こんにちでは、ゲールタハト(Gaeltacht)といわれる西側の一部の地域でしかアイルランド語は話されない(ibid., p. 296)。

現在、アイルランド語の保護地域に住んでいる人は八万三〇〇〇人であるが、日常的にアイルランド語で生活している人は、さらに少ない三万人といわれている。まさに死滅しつつある言語である。

一九世紀以降、アイルランド固有の民族語が、急速に衰退していったのはなぜか。一八五一年のセンサス(イギリスでは一八〇一年より第二次世界大戦中を除き一〇年おきに実施)によると二五%の人がアイルランド語で生活していた。しかし、一九一一年には一二%に減っている。以前の四人に一人から一〇人に一人に激減したのである。アイルランド語衰退の背後に、以前ほかでふれたようにイギリスが学校でアイルランド語を教えない、公的空間でアイルランド語を禁止するなどの植民地支配が深い影を落としているのは事実であるが（佐久間、一九九八、九六頁）、それだけではない。そこにはさらに、次の大きな二つの事情があった。

一つは、イギリスに植民地化されて以降、経済活動をするうえでアイルランド語が不利だったこと、仕事を探すうえでもアイルランド語しか話せなくては、仕事につける範囲が限定されたことである。失業率の高かったかれらは、少しでも有利な言語を身につけようと必死だった。かれらは、生活のために民族言語から離れていったのである。

二つは飢饉の影響である。飢饉によってかれらは海外、特にアメリカに渡ることになったが、英語が話せなくては話にならなかった。そのため移住を決意した家では、子どもたちにもできるだけアイルランド語を使わせなかった。アメリカがイギリスの文化的影響下にあったことが、移住者の言語選択をも左右したのである。

言語の「置き換え」には、宗主国による物理的な強制だけでは不十分であり、当事者の積極的な同意による「協力」が不可欠といわれるが、アイルランド語衰退の背景には、隣国の物理的な抑圧だけではなく、グラムシ（Gramsci, A. 1891-1937）のヘゲモニー論（民衆を支配するためには、国家による一方的な抑圧だけではなく、市民社会の民衆の側にも進んで服従する動きを不可避とみる立場、被支配者にも支配を意識させずに自発的な協力を引き出す限りで、究極の支配ともいえる）を地でいくような、アイルランド人自身による積極的な受容の動きがあったのである。

もともと民衆に対する支配も、ゲバルト（暴力）による強制だけでは安定したものにはなりえず、支配される側からの積極的な協力、下からの自発的な服従を前提とするが、その見本のようなことがアイルランドで起きていたのである。無謀な日本の第二次世界大戦でも、支配者側の一方的な強制によって戦争を遂行することは不可能であった。強制と民衆の協力を前提にしてはじめて戦争は遂行できる。支配は、上位の者の権力よりも下位にある者のすすんだ服従に負う。

ちなみにこのようなマイノリティ言語の放棄は、日本でも沖縄やアイヌの人々にみられた。もちろん本土側のマイノリティ言語への暴力は苛烈だったが、先住民の側にも、より強力な主流民族の言語や文化を取り入れることは、自分たちの生活上も有利と思われたのである。先住民の文化が地球にやさしく、「文明人」の方がその文化に学ばなければならないという思想は、後年のことに属する。いずれにしても第三の時期の特徴は、アイルランドが、「合同」を契機に言語まで喪失したことである。

アイルランド語衰退に関心もった日本人

まさにこの「合同」以降のアイルランド語の衰退に、日本の植民地における日本語の使命を問うかのように関心をもっていた日本人がいた。国語学者で戦前は台北帝国大学の総長になり、戦後は文部省の国語審議会の会長にもなった安藤正次（1878–1952）である。かれは、戦後の活動でいえば、現憲法制定の際、国民にもわかりやすい口語体を政府に説いた「国民の国語運動」家でもあった（古関、二〇〇九、二二五頁）。

もともとかれは、日本の国語学成立に巨大な足跡を残した東京帝国大学教授上田万年（1867-1937）から強い影響を受け、植民地での日本語と日本精神に関心をよせていた。かれは、一九二七年九月に直接ダブリンを訪問し、いたるところで町名の二重標記を目撃し、英語によるアイルランド語の駆逐に思いをはせている。

なぜアイルランド語は滅びていったのか。かれが注目したのは、学校ではアイルランド語を教えず、そのためには教員にもアイルランド語のわからない者を選び、土地をはじめとする公共的なものにはすべてイギリス名を付し、生活の次元では、たとえばアイルランド語で書かれた手紙は配達しないなど、微に入り細をうがつ方法によってである。

そのうえで安藤は、当時のアイルランド語衰退の調査委員会報告書の一文に注目している。それは、地方官吏の存在である。官吏は、地域にあって住民に大きな影響を与える。なによりも官吏は、住民を統治する機関に勤めている。この官吏がアイルランドにあっては、①採用の際、アイルランド語で仕事ができることを条件にされていない。②たとえアイルランド語の話せる官吏がいても、それはむしろ英語教育が困難な地域の人々で、一緒に仕事をするとなると英語教育を受けた者にはかなわない。③アイルランド語を知っていても行政上の仕事をするときは英語でしている。

これでは、アイルランド語は衰退するばかりであり、このような姿を目撃するに及んで、大人も子どもを官吏のような重要な人物にする際は、英語を話させるようになる。大人は、子どもと話をするとき、少しでも知っている英語を総動員して話す。こうしてアイルランド人自身の手によっても、家庭から母語は消えていった（『著作集』六巻、五八頁）。

これらのことは、日本の近代化に伴う国内の少数言語や周辺の植民地国にもたしかにいえたことだろう。

二言語併用の明暗

それだけに安藤の研究は、アイルランド語の運命にとどまらなかった。当時膨張しつつあった日本帝国の言語の生命力の問題を考えると、イギリスは同じ国内で二言語を併用させつつ、一方を衰退させた格好の事例を提供していることになる。

安藤は、二言語併用を次のように規定する。それは「二つの違った種類の言葉が、同じ地方に住居している人々の間に、相並んで用いられている現象」を指すと（同一巻、二七八頁）。イギリスのウェールズ地方は、母語はウェールズ語であるが、のちに英語が入ってきた。すると多くの人は、同一の地域でウェールズ語を話しつつ、英語も話すのである。

ベルギーでは、北部と南部でオランダ語とフランス語が話されているが、これらの話者は、地域を別にしている。これは厳密な意味での二言語併用とはいえない。スイスも北部のドイツ語圏、南部のイタリア語圏、西部のフランス語圏とあるが、いずれも話者の地域が重ならないので厳密な意味で三言語併用とはいえない。バイリンガルとはあくまでも同一地域内での二言語併用を指すのである。

では ウェールズ語は、なぜ衰退していったのか。安藤の注目する例は、こんにちの日本において外国人の子どもが母語を喪失していく過程にも通じる。

一般に親は母語で育ったので、家庭内言語は母語である。そこでウェールズ地方の子どもも、はじめはウェールズ語で話す。しかし、成長するにつれて外で英語を話す機会が増えると自然に英語を覚えるようになり、やがて英語が家庭に入ってくる。

児童は学校に入る頃から、記号という概念の力を借りてものごとを考えるようになる。それを子どもは母語で行うが、学校に行って母語と異なる言語で話され、かつまた母語と異なる言語でそのほかのものごとも説明されるにつれ、とても母語などで太刀打ちできないことを知るようになる。学校の教科書などの印刷言語のもつ力の強大さである。この頃から子どもは、母語ではなく有力な言語で思考するようになる。友人や学校の影響が高まれば、早晩、親に対しても英語で返事をし、ウェールズ語で話しかけられても受けつけないようにもなる。こうして子どもは、遊びに用いる言葉を、家庭でも使うようになり、母語に対する認識が失われ、母語に対して注意を払わなくなる。「家庭の勢力は友だちのそれに及ばない」（同一巻、二八三頁）のだ。

ここにいう、ウェールズ語をポルトガル語に置き換えれば、これはそのまま日系ブラジル人の母語喪失の説明にもなる。日系南米人の場合も、日本の学校に入る頃からその圧倒的な印刷言語に接し、日常生活とは別に論理的世界では印刷言語による日本語を使用するようになる。以前、台湾や韓国の日本統治下に置かれていた人々が、老人になった現在でも論理的に思考するとなると、どうしても日本語になると述べていたが、現在では植民地の住民だけではなく移民労働者の世界でもこうした現象が起きている。

これは大人になればなるほど、話し言葉以上に、活字言語、印刷言語が人間の成長に大きな影響を及ぼす証拠である。グローバルな人の移動の時代、移民労働者の子どもの世界では、受け入れ国の印刷文化によって母語喪失の危機がいつも生じているのだ。

ややわき道にそれるが、外国人の子どもの教育に関し、しばしばバイリンガル教育の重要性が語られる。母語を使用して日本語を教授する重要性である。しかし、これまでのアイルランド語、ウェールズ語衰退の例は、単に話し言葉を使用するだけでは、母語も次第に風化していくこと、真のバイリンガル教育には、書き言葉、すなわち印刷言語、活字言語、科学言語と並行しなければ不可能なことを示している。

ここにいう印刷言語、印刷文化とは、こんにち的な文脈でいえばベネディクト・アンダーソン（Anderson, B. 1936–）などによる出版資本主義の成長と関連し、新聞と国民文学の誕生に結びつき、「国民」創出につながる問題である。

安藤の研究は、現代においてもその価値を失わないが、かれがこのようなマイナーな言語の喪失過程に関心をもったのは、次章でみる当時の日本の台湾統治との関連においてである。かれは、台湾の人々が学校では日本語を「国語」として習っても、学校の外に出れば母語が満ちあふれ、家庭でも母語が使用されていることを、ウェールズ語に重ねてみていた。だからこのようなところでの「国語」教育は、国家「百年の長計」（同一巻、二八一頁）となるのだ。そして事実、日本語による印刷言語、科学言語を徹底して受けた人々を中心に、植民地からの解放後も論理的に思考する際は、日本語になるということが起きたのである。

アイルランド独立間もない時期に直接アイルランドを訪問し、アイルランド語のみならずウェールズ語の母語消滅にまで関心をもっていた人物が、日本にいたのである。

思わぬ副産物

ウェールズ語にまでやや脱線したが、これまでの例は、イギリスに「合同」されたアイルランド側の変化である。このアイルランドとの「合同」は、イギリス内部にも多くの変化をもたらすきっかけになる。

イギリスでは、一八二九年までカトリック教徒への選挙権は認められていなかった。しかしカトリック国を「合同」するということは、カトリック市民にもプロテスタントと同じ市民権を付与することを意味する。しかも当時、カトリック教徒は、アイルランドにのみいたのではなく、イギリス各地にも国教会への改宗を拒んだカトリック教徒はいたから、アイルランドのカトリック教徒に市民権を与えることは、イギリス本土のカトリック教徒にも市民権を与えることになり、これはプロテスタントを国教としてきたイギリス内部に大きな地殻変動を迫るものだった。

「歴史上起きる出来事は、当事者が意欲し目指した方向とはまるで違ったものだ」とは、ヘーゲル（Hegel, G. W. F. 1770-1831）の箴言であるが、まさにイギリスのアイルランドとの「合同」は、意図せざる結果としてブリテン島側のプロテスタントとカトリック信徒の平等化を進め、その流れはやがて、黒人奴隷の解放にまで通じていった。

しばしばイギリスは、マグナカルタや議会制民主主義発祥等の偉業によって古くから民衆の人権が保護され、公的空間に人種や宗教の差なく進出できていたように思われがちである。しかし、イギリスを代表するオックス・ブリッジ（オックスフォード大学とケンブリッジ大学の双方がイギリスの高等教育機関で特別の地位を占めることを示す表現、ちなみにガーディアンによる二〇一一年大学志願者向け評価ランキングは、一位オックスフォード、二位ケンブリッジ、三位ウォーリック大学であった）両大学が異端者に開かれたのは、二〇世紀になってからであり、それだけにロンドン大学のユニバーシティ・カレッジが、非アングリカンにアクセスできるように創設されたのは有名な話である。ちなみに幕末の志士たちも、キリスト教徒ではなかったのでここに学んだ。カトリック教徒はつい最近まで、イギリスでは多くの不平等を甘受しなければならなかった。

ところがカトリック解放令が出ることにより、やがてその解放の波は、黒人奴隷をも対象にするようになる。カトリックという異なる集団の「統合」は、黒人と白人の、奴隷と奴隷主との差異をも解消する方向へと作用していった。カトリック国アイルランドとの「合同」は、その意味でイギリスの奴隷制をも揺るがす引き金になったのである。

第二次世界大戦の影響

こうした戦前までの両国民の屈折した記憶に、第二次世界大戦の記憶が追加される。ドイツがフランスを陥落させ、いよいよ矛先がイギリスに向けられるとイギリス国民は、ドイツに対して宥和政策をとっていたチェンバレン（Chamberlain, N. 1869-1940）に代えて、チャーチル（Churcill, W. 1874-1965）を首相に選び総力戦体制を整えた。さっそくチャーチルは、ドイツ攻撃にアイルランドの港の使用を申し出た。かれは戦争協力と引き換えに、イギリス勝利の暁に南北統一の実現を約束したのである。アイルランドの南北統一はいまだに難渋を極めているが、このときたしかに、統一のチャンスはあったのである。

しかし、当時のアイルランド首相デ・ヴァレラ（de Valera, E. 1882-1975）は、小国アイルランドを守るには中立以外にないとしてチャーチルの申し出を拒否した。一方、同じ連邦国のカナダ、オーストラリア、ニュージーランド、南アフリカ、さらにインドは、国民が総力を挙げてイギリスを支援したわけではなかったが、結果的には戦争に協力していった。

協力を拒否されたチャーチルは、ナチに対する「中立」を激しく非難したが、デ・ヴァレラも、イギリスの強引さを論難し一歩も引かなかった。イギリスが、自由と民主主義を守るため連邦国に対して協力を依頼したことは、やがて戦後、連邦国自身の自由と独立をうながしていったが、イギリスへの協力を拒否したアイルランドは、南北統一へのきっかけを失うのみならず、イギリス人のアイルランド人への不信も深めることになった。

アイルランドの中立政策は、表向きは小国の利益を守るためであったが、デ・ヴァレラ自身がチャーチルを好まなかったこと、また世界に、アイルランドがイギリスの意のままにならないことをみせつけることによって、真の独立を印象づけたかった野心も見逃せない。真相は、イギリスにつけばこれまでの自分の政治的信念が問われかねないし、北アイルランドのＩＲＡ（アイルランド共和軍）の蜂起も予想され、かといって連合国を敵にすればただちにイギリスの攻撃にさらされ、動くにも動けなかったのである（その後の研究では、連合国へのアイルランドの支援は、意外に大きかったとされる）。

ただ戦後はチャーチルが、われわれはアイルランドを頼らずとも全体主義に勝利した、と述べたように、この戦争を契機にイギリス人のアイルランド人に対する憎悪に、また一つの記憶が刻み込まれることになる。これまでは、カトリックという宗教性が問題であったとすれば、第二次世界大戦後は、アイルランド人へのイギリス人の警戒心に政治上の不信、記憶も込められるようになる。第二次世界大戦は、アイルランドのような小国にまで、こんにちにも及ぶ分断の爪あとを残している。

隣国との差異

その後のアイルランドが、こんにちに至るまでイギリスを意識しながら国民としてのアイデンティティを維持しているのはいうまでもない。

アイルランドは、こんにちでも熱心なカトリック国として知られる。もし宗教が、民衆のアヘンだとするならば、この国の人はすべて中毒患者だといわれるほどである（Tovey and Share, 2003, p. 384）。そのため、ポウプ（The Pope ローマ法王）最後の「要塞」ともいわれる。その熱心な信仰は、ミサへの出席率が一九七四年で九一％、最近でこそ下がり、地域差はあるものの七〇％くらいといわれているることからもわかる。同じカトリックのフランスのミサへの出席率、一〇％未満と比較してもその熱い信仰ぶりが推測できる。ダブリンのような都会でも、今なお多くの人がミサに参加している。

アイルランドのプロテスタントの数はこのところ減っている。それは、アイルランドが自由国となりカトリックの国として出発をはじめたことから、プロテスタントがここでは招かれざる人間として、イギリスやそのほかの国に脱出したことが大きい。しかし、それ以外にもプロテスタントとカトリックでは出生率が異なること、さらにミクスト結婚の際、カトリックの人がローマ・カトリックの定めを守って、子どもをカトリック教徒として教育することも大きな理由である。

アイルランドがなぜかくも熱心なカトリック国となったかは、隣国イングランドの存在抜きには考えられない。イングランドのプロテスタントに対する反発と、そのイングランドの植民地化への対抗意識が、アイルランド性の保持とカトリックへの忠誠となり、アイルランド人独特の宗教意識を形作っている。つまりこの国でカトリックとは、植民地からの解放と抵抗へのシンボルとしての意味をもっている。

近しいものほど対立も熾烈だとの社会学者ジンメル（Simmel, G. 1858–1918）の考えは、ここアイルランドでは、英国国教会の国イングランドに対するカトリックの国アイルランドとして、宗教が住民の抵抗なりナショナリズムの砦としての意味をもっている。

そのため一九七〇年代くらいまでは、ダブリンのトリニティ・コレッジ（一五九二年、イングランドの女王エリザベス一世（Elizabeth I 1533-1603）によって創設されたアイルランド最古の大学）にカトリックの生徒が入学することは、取り返しのつかない罪を犯すことだと教育された（Ardagh, 1995, p. 178）。こんにちでは、トリニティ・コレッジの多くがカトリックの生徒であり、教員にもそれは広がっているが、当時はそうだったのである。こうしたセクト間による主導権をめぐる争奪は、こんにちでも学校と病院の支配をめぐって、水面下で行われている。

カトリックとしてのこだわり

アイルランドは、離婚のみならず中絶に対しても厳しい制約を課している。中絶で象徴的な出来事は、一九九二年二月、一四歳の少女がレイプによって妊娠したが、当初は、彼女が隣国イギリスで中絶することすら認めなかったことである。少女を守る人々は、少女がこのままでは自殺の危険を伴うこと、アイルランドで中絶するのではなくイギリスに行ってするのでアイルランドの法を犯すわけではないことを説いたが、宗教界を中心に、母親の命も体内の新しい生命も命の重みに変わりはないとして認められなかった。

女性団体は、アイルランドという国はレイプした男性の人権は守ってもレイプされた女性の権利は守らないのかと激しい抗議を行ったが、それでも中絶は認められなかった。最終的には、最高裁の裁定によりイギリスで中絶することが認められたが、今なお法律上、中絶は認められていない。

そのため中絶をしたい人はイギリスに行かなければならず、イギリスの病院でアイルランド人と明記した数から推定すると年間六〇〇〇―七〇〇〇人はいるとされる（たとえば〇三年は六三二〇人である。McGrath *et al.*, 2005, p. 23）。金額もかなり割高で、負担も大きいことから、中絶する人は中流階級に多い。イギリスの医師は慣れたもので、同情しつつ受け入れているといわれ、またイギリスの看護婦にはアイルランド出身者も多い。母国アイルランドでの中絶が禁じられているため、その正確な数の把握は困難であり、イギリスでのアイルランド人の中絶の実態はやみに埋もれたままである。

神父によっては、未婚の子どもへの洗礼を拒む者もいる。その場合は、サポート団体と連絡をとり、こだわらない神父のところで済ませることになる。

避妊の忌避

中絶がこうであるから、避妊に対しても厳しい制約がある。避妊薬は、イギリスから離脱後の一九三五年にアイルランドで製造することも販売することも一切禁じられた。コンドームやペッサリー、ピルの使用が認められたのは一九七九年のことで、六〇年代からピルの使用はあったが、それは避妊薬としてではなく生理周期の調整薬（cycle regulator）としてであった。

またコンドームが許可されたのもエイズがアイルランドで大問題となり、その対策としての性格が強く、避妊が直接の目的ではない。しかもコンドームは、八五年時点ですら、誰に売ってもいいわけではなく医師の処方箋が必要だった。コンドームの使用が広く認められ、自動販売機でも入手できるようになるのは、一九九三年のことである。このときでも神父たちは、コンドームの自由な販売は、「神の性の贈り物の乱用をもたらすだけ」と批判したほどである。ピルの使用には、現在でも医師の処方箋が必要である。

ホモセクシャルも以前は禁止されていた。この法令は、一八八一年イギリスによってもたらされたものである。ビクトリア時代のピューリタニズムの影響で性関係も厳しい統制下に置かれた。ところが、イギリスでは一九五七年にこの法律は撤回されたが、アイルランドにはその後も残った。一九八〇年にトリニティ・コレッジの著名な文学者であり、のちに市民権擁護の政治家にもなるノリス（Norris, D. 1944-）が、自分がホモセクシャルであることを告白し、この法律が市民としての自由を束縛するものと訴え、撤廃を要求したが受け入れられなかった。そこでかれは、一九八八年に、今度はストラスブールのヨーロッパ人権委員会に訴えた。人権委員会は、この法律がヨーロッパの人権条約に違反するものであることを指摘したが、アイルランド政府が撤回したのはその後かなりたってからであった（Ardagh, 1995, p. 187）。ホモセクシャルを容認すれば、同性愛を増やすだけという宗教界の圧力もあった。

性教育もこの国では、十分にはなされなかった。一般にプロテスタント系の学校では、性教育は無知の方が怖いとして積極的になされるが、カトリック系では学校の独自性に任されていた。したがって共通のテキストもなければ、内容も一定してはいなかった。カトリックの学校でも公立を中心に

写真2　抑圧への抵抗を呼びかけるミューラルと呼ばれる政治壁画

「対人関係と性教育（Relationship and Sexuality Education）」として教育されるようになるのは、近年に属する。

ナショナリズムとしてのスポーツ

このようなイギリスへの宗教的・精神的対抗にスポーツが加わる。一九世紀の後半に、ヨーロッパ諸国にナショナリズム運動が起きるが、アイルランドでは、その運動がスポーツにまで浸透し、反アングロサクソン化運動（de-anglicization, de-anglicized）として展開される。その運動の中心となったのが、一八八四年に創設されたゲーリック体育連盟（Gaelic Athletic Association GAA）である。

当時、プロテスタントの人は、日曜日は安息日としてスポーツをしない慣わしだった。また、アマチュアリズムのようなイングランド的精神も入り込み、カトリックの労働者階級をスポーツ界に入りにくくしていた。貧しいカトリックの人にとって、唯一体の動かせる日曜日がつかえないことは、かれら固有のスポーツの衰退を意味する。そこでＧＡＡは、当時の安息日厳守主義（sabbatarianism）に対抗し、スポーツ界のゲール化運動を推進させることになる。

こんにちでも、ラグビーはプロテスタントのスポーツであり、北アイルランドのカトリック教徒はあまり好まない。しかもラグビーは中流階級のスポーツであり、南アイルランドでも一般にはプロテスタントのスポーツである。たしかにラグビーには、アイルランド、スコットランド、ウェールズ、イングランド、フランス、イタリアのあいだで定期的な六カ国対抗試合があるが、南アイルランドで試合があるときは大挙して北アイルランド側のプロテスタントがやってくる。サッカーは南でもするが、地域差があり、さかんなのは東部の都市部であり、西部の農村部ではあまり行われない。サッカーは、南アイルランドでは伝統的に都市部の労働者のスポーツである。

こうしたイングランドのスポーツの優勢な動きに対し、アイルランド人のためのアイルランドをめざすもう一つの運動組織が、一八九三年につくられる。それが、アイルランドの初代大統領ハイド（Hyde, H. 1860–1949 在 1938–45）によって創設されたゲーリック・リーグ（Gaelic League）である。こんにち、アイルランドで盛んなハーリング（Hurling ボールをスティックを用いて敵陣ゴールに入れる球技）、ゲーリック・フットボール（Gaelic Football 一五人制でサッカーボールよりやや小さめなボールを相手陣営に入れるサッカーとラグビーを合わせたような球技）、ハンドボールのような古代アイルランドのスポーツのリバイバルは、この運動組織によるところが大きい。

しかもアイルランドの特質は、このようなアイルランド特有のスポーツが、言語の復興運動とも結びつき、アイルランドの民族意識を急速に高め、二〇世紀初頭のアイルランドの政治的独立に結びついたことである。アイルランドでスポーツは、今に至るまで民族運動、政治運動、その意味でナショナリズムの身体的表現である。ダブリンのクロークパーク競技場は、八万人も収容できる施設である。ここでのハーリングやゲーリック・フットボールはアメリカやヨーロッパ、アフリカ、イギリスなど、世界に散らばったアイルランド人ディアスポラに向けて放映される。

二〇〇四年夏、ダブリン郊外の飛行場から市内に向かうバスのなかで、筆者はデモ隊かと思われる大群衆に出会った。その大群衆は、郊外から延々と市内に続いており、バスを降りると筆者はたちまちにしてその群集に飲み込まれてしまった。そのなかの一人に、はじめてこの大群衆がハーリング観戦の帰りであることを教えてもらった。帰途の途上でも、余韻いまだ覚めやらぬ風情で群集内部には熱気が漂っていた。思い思いの旗をもち、ハチ巻きをしている者もいる。時折、道行く車までがクラクションを鳴らしながら交信し、味方の勝利を祝福している。アイルランド人のハーリングに対する思い入れには、相当強いものがある。

現在GAAは、アイルランド全体に二〇〇〇くらいの支部、クラブをもつが、これらは教区単位に組織されている。さらに海外にも、アメリカ、カナダ、オーストラリア、イギリスを中心に二〇〇くらいの支部をもつ。国民の三〇%ほどがアイルランド系といわれるオーストラリアでは (ibid., p. 305)、アイルランド人コミュニティを中心に定期的な国内試合も行われている。

アイルランド人が民族の誇りを持続しえたのは、言語以上に民族スポーツによるところが大きい。言語は、いまだに三%の人間しか話せない。むしろアイルランド固有のスポーツが、民衆にアイルランド人としての自覚を迫り民族の魂に火をつけた。スポーツは、言語以上に習得が簡単で身近なものであるゆえに、スポーツの復興が言語、文化の復活に結びつき、それがひいては南アイルランドの独立運動へと弾みをつけていったのである。アイルランドではスポーツは、単なる競技ではなく民族主義的な政治的色彩を濃厚におびたものである。

コラム②　国家と民族

こんにちのイギリスの原型は、一〇六六年ノルマンディー公ウィリアム一世（William I 1027?–87）のイギリス軍制覇に始まる。かれの名を別にウィリアム征服王というが、こんにちまでに及ぶイギリス王室の歴史なりイギリスの歴史そのものは、現代風にいえばブリテン島の住人によってではなく、大陸側の居住者（始祖はバイキング）によって始められたのである（ノルマン王朝）。このとき、イングランドの王はウィリアム一世になっても、スコットランドの王はマルコム三世（Malcolm III 1031?–93）であり、スコットランドは、独自の歴史的アイデンティティをもっていた。このノルマン王朝もやがて途絶えて、次のプランタジネット朝に代わる。

この王朝もフランス系である。この王朝の最盛期がアンジュー帝国であり、イングランドからフランスの西海岸一帯、さらにはピレネー山脈まで伸びる大帝国を形成した。これは見方を変えれば、イングランドがフランスのアンジュー伯所領の一部に編成されたともいえる。当然王は、イングランドで生活するよりもフランスで生活する方が多かった。

イギリスとフランスを少しさかのぼっただけで、双方の領域を区別するものはなくなる。こうした連合の時代には、王家の人々や貴族、豪族を中心に民族の融合も大いに進んだ。この過去の連合の姿、境界のあり方からして、こんにちの国民国家がいかに近代の産物であるかもわかる。

しかも、当時の英仏にまたがる領地内では、言語や習慣、文化が異なり、多文化が当たり前だった。それが一八世紀の絶対王政の時代になると、こんにちの国家の原型が形成される。王の周りには、当然のことながら多くの取り巻き連中がいた。その人々が、王をはさんで政治を行うようになり、議会らしきものも形成されてくる。

議会が王の任務の代行としての性格をもつことをよく物語るのは——つまり、近代になるにつれて政治が複雑になり、王が暇まかせに遂行するものでなくなったことをよく示すのは、イギリスで最初の首相といわれるロバート・ウォルポール（Walpole, R. 1676–1745）着任の理由である。このときはドイツ、ハノーバー家のジョージ一世（George I 1660–1727）の時代である。無理やりイギリスの王にかつぎだされたかれは、英語も堪能ではない。そこで、専門的な政務を担当する者がどうしても必要になった。これが王に代わる政務の責任者としての首相の誕生であり、議会の始まりである。

そのうえ、こうして国家が形成されて競争も国単位となり、ときに侵略戦争も生じると、人間は、ますます特定の国家の成員、「国民」なのだと感じるようになる。しかしイギリスとフランスは、近代に近づくにつれライバル意識も旺盛になるが、ノルマン王朝時代もプランタジネット朝のときも、言葉は違っても双方に境界はなかった。イギリスがフランスから明確に区別されてくるのは、プランタジネット朝のジョン王（John 1167–1216）の時代に内紛がもとで帝国が分離され、イングランドが大陸から切り離されて以降である。

そうなると同じ陸続きのウェールズやスコットランドに目がいくことになり、エドワード一世（Edward I 1239-1307）の時代に、ブリテン島内の統一に目が注がれ、西方と北方のケルト系の鎮圧に関心が向けられる。こうしてイングランド中心の国内統一が少しずつ進行し、イギリスとフランスの境界も明確なものとされていく。近代国民国家への助走である。

3章——日本の近代化と東アジア侵略

戦略としての植民地

では日本の場合はどうだろう。日本とイギリスの植民地を比較するのは、はじめからおかしいと思われるかもしれない。かつて地表の四分の一、人口の五分の一を占めたイギリスと日本では、比較にならないというのである。たとえばイギリスでは、こんにちにおいても二年に一度、英連邦首脳会議が行われており、世界の新・旧連邦国五〇数カ国の首脳が、議長もち回りで一堂に会している。しかし、日本もかつて大東亜共栄圏構想のもとに大日本帝国を唱えたとき、その範囲はこんにちでいうと、北は樺太の南半分から南はフィリピンはもとよりガダルカナルやニューギニア島まで、東は太平洋の南洋諸島から西はシンガポールを含むマレー半島を経てインドネシアにいたるまで、現在の国家にして一〇数カ国に及ぶ。

しかしここで問題にしたいのは、双方の勢力下に置かれた国の数や面積ではない。注目しておきたいのは、そのような旧宗主国と植民地化された国との、その後の人の移動・定住、偏見の形成、ステレオタイプの成立、侵略者による「文明化」という名の植民地の正当化、そしてこんにちにまで及ぶ植民地出身者の法的身分、入国管理政策の関係である。両国には、植民地化までの驚くべき近似性と、それでいて現時点では隣国植民地住民に対する法的保障という点での際立つ差がある。

すでにイギリスとアイルランドの関係をみてきたわれわれは、植民地化に関し日本の近隣諸国への方法が随分似ていることに驚くだろう。似ているのは当然で、多くの先人の研究が明らかにしているように、日本のアジアへの進出・侵略は、イギリス、フランスをまねたものなのである。こんにちでこそ、他国の侵略・植民地化は、野蛮な行為のように思われるが、当時、経済のより進んだ国が、遅れた国に進出し植民地化することは、文明国の証であり、文明国に認められた「特権」であった。

それゆえ、近代国家へいち早く舵を切った日本は、あたかも幕末から明治初期にかけて欧米に望まぬ条約を押しつけられたことがトラウマだったかのように、立場が逆転すると今度は隣国に、より強固に不平等条約を課したのである。

日本人の自画像

開国か鎖国かで揺れる一八六二年、のちに「大君の使節」と呼ばれる三〇数名の一行がヨーロッパに向かっている。この一行のなかに福沢諭吉（1834-1901）がいた。ヨーロッパまでの旅は、芳賀徹が「大英帝国の連鎖の環」（芳賀、一九九一、二五頁）をたどる旅と形容したように、使節団一行にヨーロッパ列強の力が日本近海まで及んでいることをまざまざとみせつけた。

船は日本をでて六日目にして香港に到着しているが、一行は大砲や砲丸の数に圧倒されている（同書、三〇頁）。いつまでも外国人を夷狄呼ばわりし国を閉じていては、世界の「文明」から取り残されるだけであり、かといって強制的な開国は植民地化を招き、状況はいっそう悲惨なものになると思われた。福沢はシンガポールに中国人が多いのをみて、国の動乱が自国に見切りをつけて、今でいうならば海外へとそのコミュニティを移転させている姿にも注目している（同書、三五頁）。

同時にこの旅は、より多くの差異をもつ民族を目の当たりにし、藩ごとに対立している故国日本の「後進性」も思い知らされた。「われわれ」の自覚には、「われ」とは異なる「かれ」の存在を前提とし、その劇的な民族的体験は「黒船」来航によるが、かれらにとりこの旅は、黒船にもましてより身近に「かれ」の存在を自覚化させた。すなわち個人としてはじめて、「うち」とは異なる「そと」の体験により、藩としての「お国」意識からナショナルな「国民」意識に目覚めさせる旅となった。

「そと」に接することによる近代日本の覚醒体験も、福沢が参考になる。福沢は、維新を迎える前にすでに三度洋行している。最初はアメリカであり、次いでヨーロッパ、維新直前の再度のアメリカ訪問である。最初のアメリカ訪問前後から日本では外国人排斥（攘夷）がさかんになり、福沢のアメリカ訪問中に桜田門外の変が起きている。またヨーロッパ訪問中は、生麦事件が起きており、一行のフランスでの冷遇を福沢は、生麦事件のためと勘違いしたほどである（『福翁自伝』一三八頁）。

アメリカ訪問では、部屋いっぱいに絨毯を敷きつめたところに草履のまま上がり、家では夫が台所でかいがいしく働き、妻が客をもてなす姿に驚愕している。福沢は、これを男女同権を通り越して「女尊男卑」と形容しているが、よほど衝撃的だったのだろう。奇しくも当時の日本の女性の地位がうかがえる。ヨーロッパ歴訪では、出発前に一行は東海道の宿場町を渡り歩く感覚で、ろうそくや提灯、行灯《あんどん》、米、みそをしこたま船積みしたが、現地のホテルではすべて無用なものばかりで、ホテルの従業員に引き取ってもらった様子がこれまた滑稽に描かれている。

帰国してみれば日本は攘夷、攘夷で明け暮れているが、世界はもうそんな時代ではない。福沢は、少年時代から門閥制度に反発を抱いていた。「門閥制度は親の敵」だとまでいわせている（同書、一四頁）。人間は、本人の能力によって適材適所につくべきで、身分によって固定されるべきではない。これからの日本に求められるものは、外国人を排斥することではなく、個人の能力が自由に発揮できる国造りである。

新体制にも引き継がれた外国人蔑視の体質

これほど海外の事情に精通していた福沢が、新政府に加わらなかったのも、政府の本質を攘夷とみたからである。たしかに薩長新政府と福沢には、天皇に課す役割の評価の違いも大きい。福沢は、のちの「帝室論」にもうかがえるように、天皇の権威を守るために現実の政治には距離をもたせようとした（「帝室論」七八頁）。政争の具に巻き込まれては、人心をまとめる威信に影が生じかねないのである。福沢には、天皇の政治利用も含め新政府の体質とは異見が多すぎた。なかでも維新も形を変えた「攘夷」(植民地化をまぬがれる方便としての開国)とみたことが大きい。

新政府も誕生してみれば、イギリスの王子が宮城を訪問する際、外国人を入れるのは汚れるとして、禊ぎをさせてから認めている。一八六九年、ヴィクトリア女王(1819-1901)の第二王子エディンバラ公アルフレッド(1844-1900)来日の折のことである。これは、外国人に対し天皇が特別の存在であることを広く国際社会に知らしめるため、当時の為政者が仕組んだものである。しかし福沢からすれば、こうした演技も含め、外国人を「穢れ」とみる日本人の攘夷の本質は、支配者が変わっても異ならないとみえたのである。

そもそも明治政府の高官も、はじめから開国だったのではない。明治の元勲伊藤博文(1841-1909)をみても、かれはもとは徹底した攘夷論者で、イギリスと条約も結ばれていない時代に密航を企てたのは、攘夷のためにも開国を迫る海外から兵術を学ぶためであった。ただイギリスに着くまでに途中寄港したところが、いずれもすでにイギリスの手に落ちていることを知り衝撃を受ける(今井、一九九四、六九頁)。このような差もかえりみずになされようとしていた長州と四国艦隊の戦いをやめさせようと留学を切り上げて帰国したが、明治以降は、侵略を回避するための兵力の増強と侵略をかわすための「侵略」、すなわち日本近隣諸国の植民地化をめざすことになる。かつてイギリスが、フランス革命による影響を避けるためにアイルランドを「合同」したように。

伊藤が帰国するより一足先にヨーロッパを見聞した福沢が、その後、幕府と薩長を中心とする勢力争いに一線を画したのは、もはや問題は佐幕か倒幕かでもないとみたからである。幕末の一大動乱期に、幕府からの謹慎命令を理由に福沢は、わき目も振らずに『西洋事情』の執筆に没頭している。欧米の文明に接したかれにとっては、日本人の精神の近代化こそ焦眉の課題であった。人々の精神の近代化がなされたなら、天皇を政治の要にせずとも済むと福沢が考えたと思うのは、筆者の単なる推測に過ぎないことだろうか。

国の独立は人の自立から

福沢がのちに『文明論之概略』(以下『概略』と略)まで出してあれほど文明にこだわったのは、国の独立のためであり、それには人の独立が不可欠であったからである。なぜなら国とは、民衆が造るものだからである。「国中の人民に独立の気力なきときは一国独立の権義を伸ること能わず」。「独立の気力なき者は、国を思うこと深切ならず」(『学問のすすめ』以下『学問』と略、二九頁)。ヨーロッパ文明は、人に独立の精神の重要性を教えてくれるのである。すでに福沢は、ヨーロッパの都市市民の起源が、城郭を築き自分たちの利益を守るためには、王侯貴族の命や兵とも闘ってきたその自立の精神に注目し、「フリイ・シチは自由なる市邑の義にて、その人民はすなわち独立の市民なり」(『概略』一九九頁)と喝破している。

福沢が独立にこだわったのは、学問なり智徳の本来の目的もさることながら、国の次元では当時の植民地の悲惨さによる。インドのイギリスによる植民地化の理不尽さについて福沢は、インドでは自らの政府の要職に就くにも、青年には年齢制限が課され、かつ言語も外国語の英語でイギリス人と競い、かつ試験そのものもインドではなくロンドンで受けなければならない様子を紹介している。また『学問』でも「インドは既に英国の所領に帰してその人民は英政府の奴隷に異ならず」と述べている（『学問』一一三頁）。

中国もしかりである。福沢はいう。「支那の如きは国土も洪大なれば、いまだその内地に入込むを得ずして、欧人の跡はただ海岸にのみありといえども、今後の成行きを推察すれば、支那帝国も正に欧人の田園たるに過ぎず」（『概略』二九一頁）。なぜこうなったのかといえば、「外国人をみれば、……夷狄々々と……畜類のように……これを賤しめ」（『学問』一四頁）、自国との文明の差も顧みずにただ排斥しようとしたからである。民衆の自立を果たすのに、ヨーロッパ文明から学ぶ必要があったのである。

なるほど智徳や学問、真理は、「一国の独立等の細事に」（『概略』二九八頁）限定されるものではないという見方もあろう。国の独立などより高尚なものだと。福沢はこれを認めるが、現下の日本を取り巻く状況はそのような理想を述べるゆとりはなく、「日本の国と日本の人民」が「存してこそ」それは語るべきで、世界の現状を省みない空論は避けるべきだとしている。もし現実をみないで、インドのように自国の文明はヨーロッパに比べて数千年前に当たる（『学問』一一二頁）などと思いこんでいたら、日本の運命はインドと同じ道をたどると思われた。福沢のような政治に一線を画していた知識人と異なる新政府の要人にとっては、事態の急は、さらにいっときを争うものであったろう。

「われら」とは異なる「かれら」に接し、事態の急を感じとった点では高杉晋作（1839–67）も同じである。一八六二年に上海を訪れた高杉は、日本にとって「大国」中国が、世界のなかではイギリスに国土を蹂躪されている姿に接し驚愕している。道行く人も宗主国の人間が通ると道をあけるほどのへりくだりようである（松本、二〇〇八、一三〇頁）。高杉といえば奇兵隊があまりに有名だが、武器を握れるのが士族のみであった時代に、身分に関係なく、国を守る共通の目標というこの一点を入隊の条件にした限りで、かれには門閥を超えた「国民」としてのナショナル・アイデンティティ確立の方が急務であった（同書、一四六頁）。

それゆえ維新以降の明治政府は、議会制度や憲法制定のため欧米へ使節団を派遣すると同時に外国人の雇用を積極的に行った。留学生の派遣もしかりである。これまで藩ごとに分かれていた民衆の意識を共通の国民意識にまで高め、さらにヨーロッパ的な民主主義と人権意識を高揚させるために文明化することが緊急の課題とされた。また欧米列強から日本の植民地化を防ぐために、逆に周辺諸国を植民化する方法に関しては、イギリス型とフランス型を「お抱え外国人」を通して慎重に検討した。日本がやがて、アジア近隣諸国へ欧米の砲艦外交を踏襲していったのも当然だったのである。

「想像の共同体」

幕末の孝明天皇（1831-67）は、世間に姿をみせようとしなかった。いや孝明天皇のみならず、「近世の天皇は二〇〇年以上の長い間、御所の外の世界を知らずに生活していた」（佐々木、二〇〇五、一八頁）。この天皇が、明治になって突然、民衆のなかに姿を現してきたのである。とりわけ明治の初期がそうであった。薩長は、民衆に時代が変わったことを演出したかったのである。

明治も後期となり民衆のなかに幕府に代わる天皇がようやく国民統合のシンボルとして定着すると、国民に直接姿をみせることはにわかに少なくなり、そうなるとご真影が、神格化されていく。明治天皇（1852–1912）は写真が嫌いだったので、イタリア人画家キヨッソーネ（Chiossone, E. 1833–98）にスケッチを命じ、天皇の肖像画が出来上がる（同書、二四六頁）。文明開化による新しい印刷技術が総動員され、「ご真影」のような神話、統合のシンボルがにわかに作られていく。近代日本のナショナリズムは、印刷技術の浸透により、新聞や写真、そのほかの印刷物を通して日本全国津々浦々に至るまで、天皇を中心に家族共同体としてまとめ上げられていく。

「想像の共同体」創出という点では、国旗なかんずく国歌の果たした役割も大きい。「君が代」の成立は、よくいわれるように一八六九年（明治二年）、イギリスの護衛歩兵隊軍楽長のウィリアム・フェントン（Fenton, W. 1831–90）の勧めによる。これを受けて薩摩藩の歩兵隊長大山巌（1842–1916）が、自分たち薩摩人が親しんでいた薩摩琵琶曲の「蓬莱山」から「君が代」を選んだとされる。「君が代」には、挽歌という説もあるが（藤田ほか編、二〇〇五）、薩摩藩が明治以降、天皇を徳川に代わる新たな権威の象徴にしようとした意図は見逃せない。

どの国の国歌にも、その国の当時の民衆の想いが込められている。だからなかには、平和のもとでの公の場にはふさわしくないような歌詞も含まれる。フランスの国歌も王政から共和制への転機を契機にしているだけにかなり血なまぐさいものだし、アイルランドの国歌も隣国イギリスには聞くに堪えがたい歌詞が含まれている。日本の場合も、「君」が何を指すか議論もあるが、少なくとも歌詞を献上した薩摩藩にとっては、天皇を指し、江戸幕府に変わる未来永劫の繁栄を願ったことは事実である。

「君が代」斉唱が今なお続いているということは、唱和を通して薩摩藩の近代日本の建設に果たした「偉業」を確認しているところもある。ちなみに先の大山巌は、一八八九年（明治二二年）二月一一日に大日本帝国憲法が公布されたとき、ときの内閣総理大臣黒田清隆（1842–1900 薩摩藩士）のもとに、枢密院議長伊藤博文と肩を並べて陸軍大臣にまでなっている。

また本書との関連でいえば、国歌の制定を勧めたフェントンはアイルランド人であった（林、二〇〇九、二〇四頁）。イギリスに併合されたアイルランド人による日本国としての国歌の慫慂、イギリスの君主に支配されたアイルランド人による日本人への君の宣揚、イギリスのアイルランドや他国の支配をモデルとした近代日本のアジア進出、ここにわれわれはイギリスとアイルランド、日本と朝鮮との幾重にも入り組んだ因縁をみる思いもする。天皇を中心とした近代日本の想像の共同体の創出は、薩摩藩の演出によるところが大きい。

こうして、以後天皇は、第二次世界大戦後、天皇の戦争責任を回避させるうえで重要な働きをしたフェラーズ（Fellers, B. 1896–1973）によると、「そこに日本人の先祖の徳が宿る民族の生ける象徴」（豊下、二〇〇八、一四頁）とまで映じるようになる。これらは明治政府・国家が、徳川に代わる同じ武士どうしの政権交代にみられることを極度に警戒した薩長による「創造」（の共同体）でもある。

のちに天皇を輔弼する内大臣や宮内大臣に大久保利通（1830-78）の二男、牧野伸顕（1861-1949）や木戸孝允（1833-77）の孫、木戸幸一（1889-1977 孝允の養子に入った孝正の子）らがついたことも、薩長とのゆかりの深さを物語る。

そこで最近は、明治初期も幕末ととらえ、「維新」とみること自体に薩長史観を嗅ぎとる見方も出ている。維新という名の実際は、薩長門閥政治の始まりというわけである（半藤、二〇〇九、四四一頁）。

世界に類をみない権威

こうして作り出された天皇の権威は、イギリスやドイツの君主とも違った。明治初期、日本に滞在し東京大学医学部の創設に関係した医師ベルツはいう。日本における天皇は、エドワードやウィルヘルムのような一個人というよりブリタニア、ゲルマニアともいうべき存在であり、民族全体の観念を人格化したものである（ベルツ、二〇〇八、下・四二一頁）。これは、来日したばかりの外国人ゆえの鋭い洞察といえようか。のちに日本をこよなく愛し、日本人を妻とし、日本人の好む温泉に「はまり」、汽車のない時代、徒歩で草津などにもたびたび足を運んだベルツならではの慧眼ともいえる。

「昨日から今日へと一足飛びに」「ヨーロッパの文化発展に要した五百年たっぷりの期間を飛び越えて、十九世紀の全成果を即座に、しかも一時にわがものにしようとしている」明治維新とは、「途方もなく大きい文化革命」（同書、上・四五頁）である。これまでの全歴史を否定し、「われわれには歴史はありません。われわれの歴史は今からやっと始まるのです」(同書、上・四七頁) といわせるまでに明治が急激な革命である以上、この革命の正統性がどうしても必要だった。新政府はそれを天皇に求め、攘夷か開国かで分裂した江戸末期の日本が、今度はうそのように「現人神」に民族全体が結晶化されていくのである。

当時天皇は、一般には「みかど」と呼ばれていた。幕末から明治初期の外国人の滞在記には、みかどとしてよく登場する。しかし日本の一般民衆にとっては、「天子様」である。天とは中国では、神を意味する。加えて、将軍慶喜が、民衆にあまり人気がなく、水戸藩の出身で現在でいうならば皇国史観のもち主であったことも薩長には幸いしたことだろう。天皇が神格化される基盤は、薩長のみならず民衆にも幕府にも準備されていたのである。

日本人固有の宗教は、神道と仏教である。しかし仏教は、明治期の祭政一致による神道国教化のもとで廃仏毀釈の苦い経験をもつだけに、天皇制へのすり寄りが顕著となる。すなわち真の仏教徒とは、天皇によくつかえる信徒をさすとされ、神道傘下の仏教、皇道仏教へと化していくのである。宗教ですらこうであるから、ほかは推して知るべしである。

なぜ手のひらを返したように、今度は天皇に民衆のエネルギーが結晶化されていったのか。いかに新政府の戦略が巧妙とはいえ、支配者側の論理だけでは解けない。これに対し日本民衆に広く生きる、生き神信仰の習俗の指摘は重要であろう (田中、二〇〇八、二一九頁)。新政府の天皇巡幸による「みえる天皇」の演出は、民衆の「生き神」信仰を天皇によみがえらせた。近代化 (文明化) と「生き神」(天皇)という世界にも珍しい「心神構造」が創出されていったのである。

ヨーロッパの一神教にとって神とは、人知を超えた一切の万物を創造する超越神である。しかし日本人の神とは、生きた民衆の上位に君臨する支配者である。伊藤は、ヨーロッパには国民統合のシンボルとして神があるが、日本人にはそのような神は存在せず、日本人統合のシンボルには皇室以外にないとみたが、これはあたかもその後の日本人の行動を見通したかのような見方である。

現在でも日本にキリスト教系学校がこれほど多いにもかかわらず、信者となると極めて少ないのも、強力な一神教の国に比べて容易に、権威ある人間が、民衆のなかに深く眠る「生き神」信仰と結びついて神格化されやすいからかもしれない。日本人は人格を超えた超越的なものには、あまり関心を示さないのである。

第二次世界大戦への突入

日本の周辺諸国の植民地化をみるのに幕末までさかのぼったのは、第二次世界大戦を導いた思想そのものは、すでに幕末に出揃っていたことを確認するためである。その幕末の思想は、第二次世界大戦どころか現在でも形を変えて存在している。その思想とは、一つは、ヨーロッパに対抗するためには、日本の文明化が必須であり、それは近隣諸国も同じだということ、その意味を解せない近隣諸国には、武力をもって植民地化し日本がそのリーダーになるべきだとの確信であり、二つには、このような東洋的使命をもつ日本の「国民」統合の中心に、天皇を据えたことである。

この二つは幕末期に形成されたものであるが、これは半世紀後の第一次世界大戦はもとより、第二次世界大戦までをもリードする中心的な思想であり、その意味で文明化（産業化）と天皇は、日本社会の世界化への車の両輪の役割を果たした。その場合、天皇を統合の中心に据えたのは、新政府の戦略である。それは福沢もいうように、天皇が民衆にとって身近な存在だったからではない。天皇は、鎌倉期以降民衆からは遠い存在となり、民衆にはむしろ政治を通して幕府の方が身近なものであった。将軍は「公方様」と呼ばれ庶民も知っていたが、天皇は民衆にとって遠い存在であり、権力のあるものでもなかった。そのような体制が、七〇〇年も続いたのである。

この一般民衆に遠い存在であった天皇を、新政府は幕府に代わる正当性の証として政治の中枢に据えたのである。天皇を巻き込まなければ、幕末の動乱も「大名と将軍の単なる内戦に終わったに違いない」（ミットフォード、二〇〇七、一八七頁）。すべてのシナリオが、幕末期に薩長によって描かれたことは、天皇の勅令すら薩摩が左右できたことでもわかる。

天皇が、幕府に長州征伐の勅命を発したとき、大久保はこの命をなきものにした。有名な「非義の勅命」である（佐々木、二〇〇五、一三四頁）。大久保によれば「勅命」とは、時代をただすために天皇が下すものであるが、非を認めて謝罪した長州に追い打ちをかける行為は、勅命に価しないというのである。勅命すら無視した薩摩の行動は、当然長州の知るところとなり、これまで犬猿の仲だった薩長連携の芽はこうして形成されたが、薩摩は朝廷すら左右できたのである。

「維新」という言葉に抵抗し、従来の薩長史観に批判的な角度から幕末史をとらえようとしている半藤一利はいう。薩長同盟期の「皇国」とは、「私たちが意識している天皇というほど、この時代の人たちは天皇を意識していなかったのではないか」。「共和国の建設を説く勝海舟（1823–99）や大久保一翁（1818–88）が天皇をほとんど意識していなかったように、当時たいていの人もそうであったでしょう」。前述した「非義の勅命」を無視した大久保にとっても、「非義の勅命」など「従う必要はない、と吐いて捨てたように言います。尊皇なんてどこ吹く風です。自分たちの正義に合わなければ勅命もへちまもないのです」と述べている（半藤、二〇〇九、二一七頁）。

たしかに天皇は、政務はつかさどらないまでも政変には新たな権力の承認を得ようとする武士階級の権威の象徴となることもあった。しかし研究者によっては、武家政治の天皇は、権威すら欠いていたという人もいる（本郷、二〇〇九、二二〇頁）。だから以前の天皇の政治化は、必要最低限であった。しかし幕末期に、倒幕勢力が三〇〇年近く続いた権威を崩壊させるには、自らの力だけではまとめ切れなかった。また日本には、ヨーロッパのように民衆に生きるキリスト教のような信念体系が欠けていた。このことが、天皇の権威を幕末から維新にかけて異常に膨張させることになる。薩長を中心とする新勢力と幕府側の力が均衡していたことが、天皇という日本人の古来の権威を象徴的に蘇らせたのである。

近代日本は、七〇〇年以上も前に非政治化していた天皇の威信を祭政一致のもとに再政治化することによって、迅速に国内をまとめ「国民」を創造しつつ、それを梃子にアジアに進出していくのである。

隣国の言語支配

ここまでくれば、当時の日本が周辺国に行ったことを逐一確認する必要はない。それは多くの専門書にゆずり、ここでは重要な節目を確認するにとどめる。さしあたり日清戦争の勃発は、西南の役で分裂しかかった明治政府なり日本国民を統合するうえで最大の契機となった。「外部の敵は、内部を結束させる」のたとえ通り、清との戦いは、薩長のもくろみでもあった天皇の地位を不動のものとすると同時に、その後、半世紀にもわたる神国日本の幕開けになった。

こうして一八九五年に台湾を、さらに日露戦争に勝利したあとの一九〇五年に韓国から外交権を奪って保護国とし、一九一〇年には併合を強制し総督府を置いて植民地とした。その後は疾風怒濤のごとく、土地調査事業（朝鮮併合後一九一二年から一八年頃まで朝鮮総督府で行われた土地の帰属関係の調査、地主のはっきりしないものは日本政府の管轄下に置かれた）、日本語講習会「国語常用、国語愛用」（朝鮮半島の植民地化のもとで、日本語を「国語」とし皇民化政策を徹底しようとした運動）、一九三七年の「皇国臣民の誓詞」（一九三七年一〇月朝鮮半島で日常的に斉唱を義務づけられた大日本帝国臣民としての宣誓）、一九四〇年二月一一日から六カ月間の八月一〇日までの創氏改名と続くのである。一八九五年に閔妃暗殺（李氏朝鮮第二六代高宗の妃、清国やロシアと組んで日本の侵略を逃れようとしたため日本人によって殺害）まで企て朝鮮の清国寄りを排そうとした日本の朝鮮半島の外交政策は、韓国併合という形でその目的を達したのである。

その際、のちの海外も含め新しい国民創造との関係で注目しておきたいのは、言語、特に「国語」にまつわる問題である。近代国家の確立に民衆の共通語ともいうべき言語が必要なことはいうまでもない。教育にも法律の制定にも、境界内部に居住する者に共通する言語が不可欠である。しかしつい先日まで藩ごとに分かれていた民衆の言語は、あまりにも多様であった。津軽弁と薩摩弁では、会話が成り立たないのである。

境界内部の民衆を国民として一体化し、その精神を統一するには、まずは共通の言語から確立していかなければならない。そこで定められたのが、東京の中流層で話されている言葉を「共通語」とすることであった。共通語といわれても当時、そのような言語はなく意図的に定められたものであり、明らかに政策的に上から強制された「標準語」の創造である。国民とは「想像の共同体」であるとは、言語からもいえ、標準語は「創られた伝統」(Invention of Tradition)（ホブズボウム [Hobsbawm, E. 1917-]）によるものでもあり、invention には「捏造」の意味も含まれているから、共通言語による国民の共同体とは、意図的に「創造された共同体」でもある。

こうして、国家の言語として「国語」が創出された。当然のことだが、「国語」の歴史は、日本の近代国民国家の歴史と軌を一にする。国語が確立さることにより、その国語を話す人々が日本国民とみなされ、日本国民とは、当然、国語の話者とされるようになる。しばしば言語は血液だといわれるが、血液の通うところに国民国家もありとされる。

そしてこの国語を、やがては植民地とした領域内にも、共通の「国民」創出のために、国家の血液、国家の言語、すなわち「国語」として強制していくのである。国語に伴う、「国体」の言語としての響きや性格はこうして作り出されていった。天皇は、古来からの天皇家にも通じる言語を話す人々を区別なく「一視同仁」（広くは、誰かれの区別なくすべてを平等にみることだが、植民地支配との関係では、日本人も朝鮮人も天皇の赤子として区別しないこと）に扱うとし、植民地住民にも「国語」を同化の基本としたのである。

こうして植民地化に伴い学校教育にも日本語が「国語」として強制的に導入され、固有の言語や名前も奪われた。日本語は、併合以前は外国語扱いであり、世界の先進的な動向を知るために進んで学ぶ者はいたが、併合後は、仕事をし、上位の階層につくには自ら積極的に学んでいかなければならない言語となった。

学校と職場から、一例ずつあげる。「母国朝鮮語は私が四年生のときまで週に一時間しかなかった。この時間以外はいっさい日本語もってなされた。それのみか、自分の国にいながら、母国語をつかえば必ず一銭ずつ罰金をとられたものである。どうしても判らない単語がある場合は、先生や友達にいちいち許可をえて、はじめて母国語がつかえるのであった」。

「日本語の常用は推進されて、『道庁（朝鮮半島に設けられた行政区の庁舎——筆者）の電話は相手が国語（日本語のこと——以下同様（原文のママ））を解すると解せざるとを問わず国語でなければ一切受付けず、又、陳情は国語に依らねば一切受付けない』ありさまであった」（以上、小沢、一九七三、一一一―一一二頁）。イギリスの植民地化におけるアイルランド語と同じような状況が、つくり出されていったのである。

前述した国語学者安藤が、訪問先アイルランドでみたものこそ、まさにこのような現実だった。行政官のような仕事につくには、英語が話せなければどうにもならない。民族の言語を奪うことなどほとんど不可能とみていた安藤が、生活のために固有の言語すら放棄せざるをえない真実を目の当たりにし、言語問題の背後に経済問題ありと確信した所以である。朝鮮半島でも言語問題は、まぎれもなく経済問題であった。

悪名高き「創氏改名」も、このような従属的な経済状況の下で、植民地住民への共通の言語としての「国語」の強制との絡みで遂行されていく。新しい「国民」の創造とは、生活言語として日本語を「国語」とし、物事のすべてを日本語で思考させるのみならず、姓名をも日本名にして骨がらみに変えていくことである。

擬似「日本人」化の推進

創氏改名には、「設定創氏」と「法定創氏」の二種類あり（金、二〇〇三、二三頁）、前者は期限内の新たな氏の届け出による「創氏」であり、後者は期限内に届けずこれまでの姓が氏とされたものである。期限内に届け出なくても「戸主ノ姓ヲ以テ氏トス」（朝鮮民事令附則、『朝日新聞』二〇〇七年一〇月七日）とされていたので、創氏改名は半ば強制だった。それでも設定創氏だけで八〇％を超えた。

韓国は、儒教の影響もあり父系制の強い国である。結婚しても妻は夫の父系制のなかには入らずに、父親の姓のままであり本来姓は不変なものとの観念が強い。姓は、もともと家を表す氏とは異なり、血統を表している。結婚しても夫の姓に入らないということは、三世代家族の場合、三つの姓が同一家族のなかに存在することになる。このような朝鮮半島固有の族譜観念を日本式の氏姓制度に切り替え、一つとし、代々受け継ぐことによって天皇を頂点とする家族制度の末端に位置づけたのである。「創氏」といわれ、「改名」といわれるゆえんであり、「内鮮一体」化であると同時に徹底的な「日本人化」の一環でもある。

なぜ姓名まで変えようとしたのか。「皇民」として日本人と同じく「一視同仁」にみなされる以上、姓名も日本人同様にすること、すべての差異を剝ぎとる同化政策の一環であったこと、加えて古来から日本と行き来があり、もともと日本の一部であることを身をもって証明するため、姓名に対する中国文化の影響を消し去ることなどのためである。朝鮮半島の姓名は、中国文化の圧倒的な影響下によっていたからである。

その後も朝鮮名で通していた人もいたこと、設定創氏が多いことから、創氏改名は強制ではなかったという人もいる。しかし、届け出なくてもこれまでの姓が、朝鮮民族にはなかった氏に変更されたことは、金英達が指摘するように、それだけでも「強制」に等しく、かつ届け出が多かったのも、子どもの教育などで不利だったからである。一部にすすんで支配民族の日本名に変えた人がいたとしても、それは不利にならないためであり、アイルランド人が英語を選択せざるをえなかったのと同じような状況が、ここでも作り出されていったのである。

それでいて、日本人と朝鮮人の関係は、外地人が内地人より低くみられることにより多くの偏見、ステレオタイプ像が形成され、住民が進んでかれらと交流する機会は制限されていった。ここでも子どもの世界から一例だけを引用しておく。

「……私は向こうで育ったんですが、朝鮮の子どもと遊んだ記憶はない。今でも、朝鮮人の子どもが、その顔まで浮かんでくるのですが、しかしそれは、自然の風物として出てくるんですね。服装なり、慣習なりがね。朝鮮人とじかにふれあったということがないですね。子どものときから……」（小沢、一九七三、二四頁）。

前述したように、支配関係の円滑な遂行において、支配者より被支配者の、上位の者による権力的な弾圧よりも下位の者の積極的な協力や恭順に注目したのは、人間の諸行為の解明をめざした社会学の創始者たちである。朝鮮人への「隔離」や「敬遠」が、支配者の命令や権力によってのみ可能だったのではない。政治家のような支配者ばかりではなく、一般の日本人民衆もかれらを「蔑視」し、「嫌悪」することによって支配者の意図は果たされる。

朝鮮人から固有の言語や文化を奪い、行政組織にも企業にも日本的統治が導入されれば、かれらがはるかに不利な状況に置かれ、底辺に沈み込んでいくことは誰の目にも明らかである。子どもも教育どころではなく、世代を超えて貧しさが固定化されていけば、やがてはそこにある民族に対する特有の「観念」も形成されてくる。民衆を進んで支配者側の論理へと駆り立てていったものこそ、朝鮮人の貧しさやこのような理不尽な支配機構への「反発」に発する特有のステレオタイプであった。

資本主義の自立に、安価な大量の労働者が必要であることは、つとに指摘されるところである。イギリスではアイルランド人が、アメリカでは大量の黒人奴隷や移民がその役割を果たしたとすれば、日本では、初期の頃は農村の余剰労働力が、その後は朝鮮人がその任を果たしたのである。

東アジアの「文明化の使命」

こうした侵略を糊塗するために使用されたのが、「文明化」である。開国を迫られた頃の世界社会の動きに覚醒した日本のリーダーたちは、アジアの他国はいまだに眠りから覚めていないとして、さかんにアジアの非文明性を糾弾した。これは以前、日本が開国を迫られたとき、欧米からなされた方法でもあった。

日本からみれば強引ともいえるアメリカの開国の要求も、アメリカからすれば自国の利益のためではなく文明国一般の利益のためであり、ひいては日本のためにもなるとの自負があった。世界史のなかで闇は光に克服されるものであり、開国を迫ったとき、拒むなら戦争も辞さずとして日本側に白旗を送りつけてきたのも（松本、二〇〇八、一六頁、半藤、二〇〇九、二四頁）、文明から得られる益からすれば、文明すら知らない民族への制裁もやむなしと考えたのである。

艦隊を率いてきたペリー（Perry, M. C. 1794-1858）は、キリスト教諸国が、文明を知らない日本をなお野蛮な状態にさらしていたのでは、キリスト教の名がすたる、と考えた。たとえ通商条約を結んでも日本は、「一番下の妹である」。「年上の国々」が、「やさしく手を取り、そのおぼつかない足取りを助け、自力でしっかり歩けるように」してやることが、文明国の務めであるというわけである（オフィス宮崎編訳、二〇〇九、下・二三六—二三七頁）。

日本が近代化の範を手探りしていた当時、イギリスで歴史を文明化の過程とみる史観を代表したのはマコーリ（Macaulay, T. 1800-59）である。その史観は、別にホイッグ史観とも呼ばれ、イギリスの正統史観となっていく（今井、一九九四、一六七頁）。日本のリーダーたちは、日本が西欧列強に武力をもって開国を迫られたのは、鎖国の間に文明から取り残されたためであり、歴史とは文明と野蛮の、いや文明が野蛮を駆逐する過程であり、それだけに今度はいち早く近代化した日本が、ほかのアジアに侵略しても、魔術の園に眠る民衆には、得るもの大と考えたのである。

当時の政府の要人から、侵略の後ろめたさがあまり感じられないのは、こうした歴史の文明化への揺るぎのない確信が関係している。マコーリの歴史観は、一部の唯物史観ともその単純な進歩史観という点では変わるところがないというから、エンゲルスなどのアイルランド論と当時の日本政府の要人の考えに共通性があるのも当然かもしれない。いずれにしろこの単純な文明史観を、日本はアジアに向けたのである。

こうした思想界、ムードの一代表を竹越与三郎（1865-1950）にみることができる。かれはいう。これまで遅れた民族を文明に導く仕事は白人が担ってきた。しかし、アジアのなかでいち早く文明化を成し遂げた日本は、今度は有色人種として唯一、アジアの隣国を文明化に導かなければならない。その最初の試金石は台湾である。台湾を植民地化する理由は、民衆に残るアヘン吸飲の弊を断ち、辮髪の習慣をただし、婦人を纏足から解放すること、これが「三大主義」といわれる植民化の原則である（若林、二〇〇一、二九六頁）。ここには、白人に対する劣等感とアジアの「優等国」日本の、奇妙な「文明化への使命」がうかがえる。

前述したようにイギリスが非ヨーロッパ圏を植民地化するときその理由としたのは、「文明の使命」である。オーストラリアのアボリジニから大地を取り上げたときに語られたのも、神は「未開」を喜ばないので文明化は、神の意志を託された白人の使命である、とのことだった。「未開人」を有智なキリスト教徒にするのもこのためである。日本の皇民化政策は、一足先に「文明開化」に成功した日本が、「未開」のアジアに文明をもたらすためのものであり、ヨーロッパの先進国の植民地化と異なるのは、植民地の住民も「皇民」として対等に文明に浴することができることにある。

その意味でこの時代の天皇は、文明の担い手でもあった。われわれが中学校時代に習った「散切り頭をたたいてみれば、文明開化の音がする」には前段があり、それは「半髪頭をたたいてみれば、因循姑息の音がする」である（原・吉田編、二〇〇五、九三頁、引用に際し、片仮名を平仮名にした）。いち早く西欧化という名の文明化に到達した日本は、天皇という文明の担い手により、因循姑息なアジアを早く近代化する使命を帯びているというわけである。西洋では、未開を文明に導くのがキリスト教徒に課せられた使命とすれば、日本人には未開のアジアを文明化するのが天皇の赤子としての使命となった。新政府は、天皇を文明化のリーダーにフィクション化することに「成功」したのである。

文明化が当時、どれほど大きな意味をもっていたかは、次の一事を思ってもわかる。日本がやむなく不平等条約ながら開国をのんだのは、闇に閉ざされていた日本に、欧米がひかりをもたらそうとしたからである。その日本がやがて清国、そしてロシアにまで勝利したのも、いち早く文明を取り入れた日本とは異なり、かれらは中華思想の虜となり文明化を拒むか、ヨーロッパに隣接しながらも議会をもたずに国民を野蛮状態に押しとどめていたからである。戦争に勝つも負けるも、当時は文明化しだいと考えられたのである。

皇民化による文明化

おそらくイギリスとアイルランドとの関係において、アイルランド民衆の抵抗を理解できた前述の国語学者安藤が、こと台湾問題となるとまったく同じことでも理解できなかったのは、台湾の皇民化による文明化がかかわっていたからだろう。ヨーロッパでは、キリスト教が原住民の宗教に対して文明を表していたとすれば、日本では、アジアの近隣諸国の民衆信仰に天皇が代わったのである。

かれはアイルランドが独立後、公用語にアイルランド語を定めたことに関し、「母語のために、国語の復興のために熱血をそそいでいるアイルランドの愛国者のために甚深の敬意を表する」と述べた（『著作集』六巻、六七頁）。しかし、日本が大東亜共栄圏をつくるとき、植民地の民衆が日本語を話そうとするのは強制というより、文明に近づきより良き生活をするためとして肯定している。

安藤は、文明化するには、いち早く「文明化」した日本人と同じように「国民化」、同化する必要があり、それには同一の言語教育で始めるべきと考えたのである。台湾の人間を日本人と同一の言語で思考させ、同一の言語で感情表現させるには、日本語を「国語」として普及させる必要があると考えた。こんにちなら、二言語併用ではだめかとなるが、当時、二言語併用は学力的にも劣ると考えられていた（同書、二九〇頁）。

そのうえで言語における強制とは、母語を話すことを禁止し宗主国の言語を一方的に押しつけることであり、植民地の民衆が進んで「皇民化するという大きな理念」（同書、四四三頁）に基づいて行うのは強制でないという。イギリスとアイルランドとの関係においては被植民地の立場を理解しえても、日本と朝鮮、台湾との関係は同じ事態には思えなかった。これは、当時の日本の皇民化による文明化への独特の思い入れ、使命感だったといえる。

こうしてアジアの文明化は当時の言語学者をも巻き込む形で重要な課題であったが、もともとアジア近隣諸国を「野蛮」ととらえ、日清戦争すら文明と野蛮の闘いとみて、日本の早急な文明化を課題にしたのは福沢である。その有名な標語が「脱亜入欧」である。

福沢の『脱亜論』に関しては、真贋論争もあったが、現時点では福沢自身のものと断定してよさそうである。一八八五年三月一六日、福沢主宰の『時事新報』にいわゆる「脱亜論」といわれる一文が掲載される（平山、二〇〇四、一九八頁）。この時代は、清国からの朝鮮の独立を果たそうとしていた朝鮮独立党のメンバーが処刑されたり、ベトナムがフランスに植民地化された時期でもあったため、福沢の日本近隣諸国観には、アジア社会の停滞性についての認識が一段と色濃く投影されている。

福沢は、日本の近隣諸国、中国や朝鮮の儒教国は、いまだに野蛮な旧慣墨守から脱却しえず悪友だから、逆に接するのを絶つのが望ましいと喝破したのである。この福沢の有名なアジア「野蛮説」は、一般論としてよりも、前述した『時報』発表に先立つ朝鮮の革命運動に対してとられた残虐な処刑との関連で述べられたものとの説が有力であるが（同書、二〇二頁）、こうした福沢の隣国認識は何もかれだけのものではなく、すでに江戸末期の思想家、吉田松陰（1830-59）などにもあった。かれの激論は、近隣の「非文明性」を逆手にとって日本が欧米諸国の圧迫を受けて被る損失を、「満洲」や朝鮮を服属させることで補うべきだというものであった（吉田、二〇〇八、一九八頁）。

植民学の興隆

このような「文明化」をシンボルにアジアを断罪する第一世代が福沢なら、第二世代を代表するのが新渡戸稲造（1862-1933）である。福沢は野蛮なアジアとの交流を断つことを宣言したが、新渡戸は植民によってアジアを「文明化」しようとする。イギリスが当時の途上国を植民地化するときは、文明の使命論を大いに展開したが、キリスト教徒新渡戸の場合も、「植民最終の目的」は、「即地球の人化と人類の最高発展とを実現する」（『全集』第四巻、三七一頁）ことだという。この一点においてかれは、日本のアジア進出を肯定する。

新渡戸は、晩年には国際連盟の事務次長をやったほどの国際人であり、当時から自由思想の持ち主

写真3　花巻市の新渡戸記念館

として知られる。国際結婚が非常に少なかった時代に、妻がアメリカ人だったことも狭隘な日本主義から自由だったことを示している。花巻市の新渡戸記念館で知ったことだが、かれが一八九一年元日にフィラデルフィア市で結婚式を挙げたとき、当地の新聞は「フィラデルフィアの名門エルキントン家の令嬢が、優秀とはいえ日本の青年と結婚した」と報じたという。

　日本はもとよりアメリカ側にも、いかに移民の国とはいえ日本人との結婚には、かなりの抵抗のあったことがこの報道からわかる。よほどの愛と共通の信仰心とがなければ、二人の結婚は不可能であったろう。「太平洋の架け橋とならん」との若き日の信念を、この結婚にもみる想いがする。

　しかしそのかれが、隣の朝鮮に次のように発言していたことはあまり知られていない。「政治的に無能力で、経済的にも自立できず、知識欲もない朝鮮民族のような女性的で薄弱な国民は、日本の重荷になっている。日本は朝鮮という死せる国を復活せしめるため殖民地にまいしんしなければならない」（鈴木・吉井編、二〇〇〇、七七頁）。太平洋の対等なパートナーシップをめざし「架け橋」たらんとしたかれではあるが、日本海への対等な「架け橋」意識は薄い。

また、近代日朝関係史に明るい海野福寿は、一九一〇年九月、当時、第一高等学校校長だった新渡戸が入学式で語った次なる一節を矢内原忠雄（1893-1961）の書より紹介している（海野、二〇〇四、二二六頁）。「次に忘れることのできないのは朝鮮併合の事である。之は実に文字通り千載一遇である。我が国は一躍してドイツ、フランス、スペインなどよりも広大なる面積を有つこととなった。……とにかく今や我が国はヨーロッパの諸国よりも大国となったのである。諸君は急に大きくなったのである」。新渡戸を生涯師と仰ぎながらも、自らは朝鮮の植民地化に反対し、やがては東京大学を追われた矢内原忠雄と比べても大きな差がある。

矢内原には、朝鮮や台湾問題をイギリスのアイルランドや西インド諸島の植民地化に重ねてみる視点があり、アイルランド人や植民地住民の想像絶する貧困、飲酒癖を民族性にはみないで植民地支配による従属・抑圧との関係でみていたが、その方法は朝鮮、台湾理解にもいきている。たとえば朝鮮問題に関しては、現地訪問のおり、朝鮮人教員が日本語で朝鮮人の子どもたちに日本の歴史を教える姿に直面し、「心中涙を禁じ得なかった」（『全集』第一巻、三二五頁）と述べている。

また、台湾問題に関してはさらに踏み込んで、植民地化された国が何を生産するかは宗主国の市場に負うところ大であり、輸出向け商品生産が主となる結果、単品ものに限定され、もし市場価格が暴落すれば民衆はいっぺんに奈落の底に突き落とされ、西インド諸島やアイルランドの貧困にはこのことが深くかかわっていたとして、台湾はまだ「単一耕作」ではないものの類似の傾向に通じるものをみていた（若林、二〇〇一、二一〇頁）。

矢内原はその主著ともいうべき『植民及植民政策』において、宗主国と植民地の自治論に言及しつつ、オーストラリア、ニュージーランド、カナダ、南アフリカ連邦そしてアイルランドを比較するなら朝鮮と台湾は、固有の自治が欠けている点においてアイルランドに類似しているとみていた（『全集』第一巻、二九三頁）。

あきらかに矢内原には、朝鮮や台湾をみるときイギリスの西インド諸島やアイルランドがたどった運命へのまなざしがあり、加えて虐げられた民族を論ずる際、信仰の厚いキリスト教徒としてのバビロン捕囚にも通じる心情が、同じクリスチャンどうし（矢内原は内村鑑三［1861-1930］らとともに無教会主義キリスト教徒）でありながらも新渡戸とに差をもたらしている。民族の自由と独立に関することは、矢内原の植民地研究の基本にかかわるものであり、新渡戸のあと東京大学経済学部植民政策講座を継ぐが、その研究を貫くものは、「虐げらるるものの解放、沈めるものの向上、而して自主独立なるものの平和的結合、人類は昔し望み今望み将来も之を望むであろう」（同書、四八三頁）との、宗教にも通じる信念であった。

しかし新渡戸のような考えは、当時の多くの知識人の共有するところであり、『朝日新聞』の「天声人語」などもいっときも早く隣国の植民地化が必要であることを説いた。日本人のキリスト教徒ですら、イエスを知らない朝鮮人に真理を伝えるためとして朝鮮半島の併合を肯定した。布教のためという目的は違っても、併合という手段を是認する点では政府の方針と同じだった。

帝国の「臣民」

ただ一神教と異なる日本は、さすがに神の名において文明化を主張することはしなかった。代わりにもち出されたのが「天皇の臣下」なり「帝国の臣民」である。

この論者の代表が徳富蘇峰（1863-1957）である。福沢も日清戦争を文明と野蛮の戦いととらえたが、徳富に至っては、民衆には文明に浴し、文明を追求する権利があり、それを阻もうとする国家にはそれをただす「文明の権」ともいうべきものがあるという（米原、二〇〇三、一二三頁）。日清戦争は、文明による野蛮への挑戦であり、天皇が隣国の民衆をも一視同仁視することで文明人としての仲間入りも果たせる。しかし、日本人が天皇家から分かれた擬似家族共同体のように考えられた時代、本土人を天皇家から派生した人に似せるのは可能としても、琉球やアイヌの人々、さらに朝鮮や台湾の人々まで含めるのに気が引けると「帝国の臣民」がさかんに持ち出された。

「臣民」とは、もともと明治時代以前には存在しない概念である（副田、一九九七、六八頁）。徳川時代までの封建体制では、社会の構成員は大きく君主、家臣、人民の三つからなり、君主は家臣に恩を与え、それゆえに君主は家臣に忠をもって報われ、人民は双方につかえる存在に過ぎなかった。ところが明治時代になってはっきりしてきたことは、君主は天皇一人だけを意味し、旧来の家臣と人民の区別はなくなり、双方ともに君主につかえる身として等しい臣民となったのである。すなわちすべて民は、天皇のもとでは等しい同格の存在となり、「万民一君」になったのである。

この点で日本は、天皇を容易に神格化させる「構造」をもっている。「万民一君」とは、キリスト教の世界での「神の前で人は平等」と軌を一にする。神の前で人々のもつ差が無価値化されるのと同様、天皇は幕藩体制化のもとでの民衆のさまざまな上下の身分関係を解消するうえで都合がよかった。そうでなくても薩長をリードした西郷隆盛（1828–77）、大久保、伊藤、山縣有朋（1838–1922）らは地元の藩ではさほど身分の高い者ではない。

このような下級階層の者が、いかに生まれ変わらんとする新生日本とはいえ、その社会でトップに躍り出るのはそのままでは不可能だった。天皇をキリスト教の世界のように万物の創造主にまで祭り上げるのは不可能としても、庶民を天皇の「赤子」として幕藩体制下の細かな身分関係をいったん解体し、すべての人を横並び一直線にすることは、遠隔の外様につながる下級武士にとってはいっそう都合がよかった。

異なるのは万民を「内地人」と「外地人」に区別したことである。そのうえで臣民とは、君主が支配する領地内で君と人格的に結びついた「忠実な民」の意味であり、君主と人民とのあいだに具体的な支配―従属関係が存在することになる。一方「国民」とは、王という特定の人格をもった人物との関係ではなく、「国家」と個人との権利―義務関係を法と制度によって定めたものである。

国家が民主化されることにより、国王直属の「臣民」から国家所属の「国民」となるが、イギリスも日本もアイルランド人や朝鮮人を臣民と呼んだのは、君主制国家であったからであり、日本は、一神教にかわって天皇や帝国を大いに活用したのである。ただイギリスが日本と異なる道をたどったのは、君主のさらに上位に神をいだいていたことである。明瞭な一神教が、君主の神格化を防いだといえる。

冷戦による分断

似ているのは、戦前の遅れて近代化に邁進していった時期ばかりではない。大国によって小国の運命が左右されたという意味では、戦後の朝鮮半島の住民もそうである。

第二次世界大戦末期に参戦したソ連は、破竹の勢いで満洲を「解放」し、その後朝鮮動乱が起きると朝鮮半島をまたたく間に南下し、支配下に収めようとした。あわてたのはアメリカで、一時は「釜山あたりまで」(豊下、二〇〇八、一五六頁) 及んだソ連の勢力を、やっとのおもいで三八度線まで追い返し南進を食い止めた。世界は東西冷戦に突入し、日本にもアメリカをはじめとする西側の盟友としての働きが期待され、朝鮮半島の南北分断ばかりか日本にいる在日韓国・朝鮮人の分断にも荷担するようになる。

朝鮮半島が、現在のように南北に分断されるようになるには、三つの段階を経ている。一つは、日本の敗戦後米ソが朝鮮半島を分割して占領したこと、第二は、一九四八年八月一五日に大韓民国が、同年九月九日には、朝鮮民主主義人民共和国が成立したこと、第三に五〇年に朝鮮戦争が勃発し、五三年七月に南北分断が固定化されるかたちで休戦を迎えたことである (二一世紀研究会編、二〇〇一、三四—三五頁)。

アメリカの肩入れもあり、朝鮮半島の三八度線以南の地域が韓国として独立すると——たしかに朝鮮人は、南北分断に反対であり、チェジュ(済州)島は最も激烈な反対闘争の行われたところであるが、「国家」がほかの国家との関係を通して人為的に作り出されるのである。アイルランドの南北分断に対するイギリスの責任同様、朝鮮半島の南北分断に果たした日本の責任は重い。

東アジアのアイルランド

分断の悲惨さを象徴するのはチェジュ島である。この島は、第二次世界大戦が激化すると日本軍の基地として土地の収奪が進んだことでも、また戦後は民族運動鎮圧のためアメリカの傀儡政府や連合軍によって大量殺戮が行われた悲劇の島としても、東アジア版アイルランドである。もともと周囲二〇〇キロ、韓国から一〇〇キロ弱、日本からは二〇〇キロ弱の小さな島である(文、二〇〇七、七五頁)。風が強く岩肌がごつごつしており、農業に適さないというのもアイルランド西海岸に似ている。このような自然条件から、昔から海女が海産業を支えている島としても有名である。

朝鮮半島が植民地化されると土地調査が行われ、所有のはっきりしない土地は没収された。入会地での耕作権を失った農民は、ホームレス同然の土幕民や原始的な焼き畑による火田民となって野山をさまよい始める。チェジュ島は、土地の没収が最も徹底して行われたところとしても知られる(同書、七六頁)。働く場を失った民衆は、島外に活路を見出さなければならないが、大阪との間に就航していた阪済航路は、まさに土地の没収以降、行き場を失ったチェジュ島民の集団運搬船と化したのである。一九二三年から三六年までにチェジュ島をあとに来日した者は、一万人強から四万六〇〇〇人強の四倍に及び、実に島の人口の四分の一が日本で生活するようになる（同書、七七頁）。

大阪市生野区は、行き場を失ったチェジュ島民にとって、アイルランド人の溜まり場としてのスコットランドのグラスゴー、イングランドのリバプールのような存在となるが、類似しているのは、かれらの就いた仕事である。多くが、繊維工業、金属機械、食品製造、土木建設などの職工や雑役に吸収されている。イギリスの近代資本主義の原蓄の役割をアイルランド人が果たしたのと同様に、日本の近代化もかれらの労働力を前提としていったのである。

そのうえ、当時のアイルランド人に対するイメージが、その後のかれらのステレオタイプを大きく決定したとすれば、日本もまったく同様である。朝鮮人に長らくつきまとった、「汚い・貧しい」のイメージは、アイルランド人同様に宗主国と植民地との間で起きた構造的なものに起因する。それは個々人の性格や民族的なものではなく、両国の支配―服従という政治・経済構造のなかで作り出されたものである。

よく問題となる強制連行も、多くは朝鮮人たちの自由な渡航だといわれるが、日本に行かなければ生活できない状況が構造的に作り出されたことを思えば、客観的には渡航が強いられたに等しい。「もし表面に現れた現象が、直接に事物の本質と合致するなら、あらゆる科学は無用になる」の喩《たと》え同様、主観的には「選択」（意識）となって現れた行動の背後に働く「強制」（構造）の解明こそ、多くの研究者の指摘する通り重要である。

高柳俊男が筆者に語った言葉でいえば、強制にも二種類あり、「みえる強制」に対し「みえない強制」もあり、社会科学的に重要なのは、「みえる強制」もさることながら、むしろこの「みえない強制」を見抜くことであろう。他の研究者の表現に従うならば、日本側の仕事の斡旋「募集」に応募せざるを得なかった「構造」こそ問題ということになろうか（杉原、二〇〇二、この視点は氏の全編にこだましている）。

大国による国家の創出

ディアスポラとは離散し、祖国を失った民のことであり、ユダヤ人や最近の例ではインド亜大陸の移民労働者を連想する。ディアスポラ的状況にあったユダヤ人をいっそう悲劇的なものにしたドイツ人の責任は免れないし、インド亜大陸出身者のディアスポラ化にイギリスの果たした責任は大きい。日本は、こうした民族のディアスポラ化には無関係に思われるが、在日韓国・朝鮮人に祖国なき状態をもたらしたのは、まぎれもなく日本である。

半世紀前まで大韓民国という国家は、地球上のどこにも存在しなかった。たしかに一九世紀末に大韓帝国が、高宗（1852-1919）を皇帝に短期間存在したが、この時代の帝国を民国に改めたのは、明らかに北朝鮮という社会主義国を独裁国と見立て、それに対決する必要上、アメリカによる極東戦略の一環として政治的、軍事的、外交的理由のために人為的に作り出されたものである。

同様に、中華民国としての「台湾」という国家も存在しなかった。これは中国大陸で毛沢東（1893-1976）に追われた蔣介石（1887-1975）グループが、「外省人」としてこれまでいた「本省人」を独裁的に支配し、それを社会主義化を嫌ったアメリカが後押しをする形で出来上がった人工的な国である。アメリカの梃子入れによる中華民国の台湾島「略奪」である。

こんにちのアフガニスタンやイラクへのアメリカのかかわりをみてもわかるように、アメリカという国は、民主化のシンボルとして普通選挙にこだわる。民主化に至るには、当事国それぞれの道があると思われるが、アメリカの古くからのやり方は、アメリカ寄りの政府を樹立したあとで、民衆を参加させ選挙でその政府を正当化する方法である。当時の日本や朝鮮半島への方法もまさにそうであった。

日本で女子にも選挙権・被選挙権が与えられる形で普通選挙が行われたのは、占領中の戦後間もない一九四六年四月一〇日である。選挙よりも生活再建が何よりも求められるなかで、選挙を急いだのは、連合国軍総司令部（ＧＨＱ）と日本の一部の保守層のみであった。朝鮮半島の場合も同じである。南北分断を固定化し、南の軍事独裁政権にお墨付きを与えかねない南だけの選挙には、前述したチェジュ島民の命がけの反対・蜂起があったが、アメリカは国際社会から認知を得るためにも選挙にこだわった。

したがって、現在も外国人登録の国籍欄に「朝鮮」名のままで使用しているのは、当時の朝鮮半島の情勢や日本の外国人管理からみてごく自然の成り行きであり、それは本人の選択というよりは、日本やアメリカの方針によるものだった。それゆえその後起きた、自分たちに押しつけられた朝鮮という名と同じ国名による日本人の拉致事件は、一般の朝鮮籍のままの人にとってはほとんど信じがたいことであったろう。大国（韓国籍取得というアメリカや日本の方針）に従わないことが、結果的に自分たちの運命そのものにも大きな影響を与えていく見本のようなことである。

ただ朝鮮半島が政治的に分断された後、韓国籍を取得した人々は、その後しだいに韓国に行き来するようになる。特に近年の韓国経済の伸びは、かつての日本を思わせるほど上向いており、日本に拠点を構えながら日本と韓国をまたにかけて仕事をする人が増えている。

しかし、大韓民国成立後も朝鮮半島は一つであるとして、四七年五月の外国人登録令で記された朝鮮名を変えない人々は、たとえ自分の出身地が現在の韓国側にあっても冷戦による線引きがなされ、あたかも北朝鮮側の人間であるかのようにみられ、韓国への入国はもとより、再三の海外渡航時には韓国籍に変えるよう働きかけられることも多い。渡韓の場合、朝鮮籍では三回までが限度のようである（李、一九九七、八五頁）。同一家族でありながらも一、二世は、民族統合を願ううえで朝鮮名のままだが、子どもたちは留学や海外旅行のしやすさから韓国籍に変えたり、帰化する者も多く、同じ家族でも世代によって国籍が異なることも起きる。

以上が、幕末から第二次世界大戦を経て最近までの日本社会がたどってきた歴史的な経過である。ではイギリスに渡ったアイルランド人や、日本にきた韓国・朝鮮人は現在どのような生活をしているのだろうか。

コラム③　貧困と移民

国内の過剰な人口を海外へ植民することで人口圧力を切り抜けるやり方は、日本だけではなくこんにちでも多くの国にみられる。すでにヘーゲルは、資本主義の生産と消費の矛盾を乗り越える方法として植民を挙げていた。貧困な大衆救済に労働の機会を増やせば、過剰生産となり消費とのバランスを欠くので、そうした場合の人口調整に植民地建設は欠かせないというのである（藤野・赤澤訳、一九六七、四七二頁）。

日本でも明治期、早急な近代化・産業化が課題になったとき、旧士族や農村部を中心に過剰人口をどうさばくかが問われた。台湾や朝鮮半島への進出には、当然、黎明期資本主義の生産と消費の問題が深くかかわっていた。幼弱な生産力に比べて過剰な人口を移動させるのにもっとも手っ取り早い方法は、植民地建設による植民なり移民の排出である。明治以降、国境が開放されると海外への移住も積極的に行われるようになる。

広大な未開の大地を有し、多くの開拓民を必要としていた中南米は、植民、移民にもってこいの大地であった。すでにペルーには、一九世紀の最後半、一八九九年に、日本郵船の佐倉丸で七九〇人が出帆している。このときの特徴は、全員が男子だったことである。現在来日している日系ペルー人労働者に、ほかと比較しても混血が多いのはこのためである。現在、日系ペルー人は約八万人いるといわれる（今野・高橋編、一九九三、二四四頁）。

日本人が中南米に移民した最初は、一八九七年のメキシコであり、二年後にペルーと続いている。その後一九〇八年には笠戸丸によるブラジル移民が始まる。奴隷制の廃止に伴い中国やインドから多くの契約労働者がカリブや中南米に投与されたが、日本も例外ではなかった。

南米への移民は、ある程度豊かになった戦後も行われた。ボリビアの東部サンタクルスには、沖縄人のコミュニティがある。ここに沖縄の人が入植したのは、一九五四年八月である（実松、二〇〇九、一〇二頁）。ボリビアへの沖縄住民の移植は、米軍に基地を提供しつつ、農民には新天地を約束する魔法の妙案だった。しかし、入植後は大変だった。基地の沖縄に残るも移住するも地獄だったのである。

いま、かつて南米へと移住した本人なりその子孫が、日本に再移住してきている。この時代の記憶が残る日本では、移民（emigration）といえば、海外に出る人をさすように思われがちだが、見方を変えれば定住覚悟で日本に来た人も移民（immigration）である。再移住の早かった者はすでに二〇年たち、かれらの仕事ぶりや企業への定着に関し多くの特徴が語られている。かれらの身につけている文化や労働観には、遠く中南米へと移動していったイベリア半島のポルトガルやスペインの特徴にいきつくものもある。

われわれの感覚からすると、イベリア半島もヨーロッパの一部としてほかのイギリスやドイツとあまり変わらないと思いがちであるが、ピレネーが「切れ目」ともいわれる通り、イベリア半島の両国は、ほかのヨーロッパ諸国、特に北欧諸国とはかなり異なる。その一つに労働観がある。ヨーロッパ北部のプロテスタント諸国には、労働とは単なる金銭取得のためではなく、自己克己なり、神からのさずかりもの、聖職との観念がある。calling や Beruf に聖なる響きが込められているとの指摘は、ウェーバーにもある。

一方、ポルトガル語で仕事や労働をあらわす言語には、obra（オーブラ）、trabalho（トラバーリョ）があるが、obra には工事のような意味も含まれるので、trabalho の方が、労働や仕事には一般的に使用される。trabalho は男性名詞であり、obra は女性名詞であるが、ともにこれらの概念には、倫理的かつ聖なる意味がないという。かれらにとって仕事は、金銭を得るための手段であって、勤労のエートスのような観念は存在しない。いやむしろ、かれらのような労働観こそ普通であって、北欧のプロテスタント国の労働観の方が特異であろう。怠惰こそ美徳ともいうべき意識が（デ・オランダ、一九九三、一二頁）、こんにちのブラジルやペルー等のラテン本国には多くみられる。

また、ポルトガルもスペインもカトリックであり、伝統を重んじ、家族関係を重視し、母親を中心とした同族的なつながりが強い。それでいてイベリア半島の国民には、連帯意識が弱い。これらは、日本で生活している日系人にも等しく指摘されることである。日系人も血統的には日本人であっても、社会的、文化的にはブラジルの、そしてそれは遠くイベリア半島の民族に近づくのだ。

ブラジルの民族的な多様性は、しばしばアメリカと比較される。しかしアメリカと大きく異なる点として、人種差別の少ないこと、あるいはもっと端的に黒人に対する差別意識の少ないことが挙げられる。これも、イベリア半島の宗主国ポルトガルの影響によるといわれている。ポルトガルでは、イギリスより早くアフリカから黒人が奴隷として連れてこられており、当時から一人の黒人もいない家は珍しいといわれていたが、混血もすでにかなり進んでいた。かれらの肌が北欧の人々に比べて黒いのは、日照時間等の地理的環境もさることながら、混血が進んでいたからだともいわれる。かれらは、アングロサクソン系のように色にもこだわらないのである。

しかし、日系ブラジル人とペルー人にはいくつかの違いもある。ペルー人は、もともと日系人の母集団が少ないので日系人どうしの結婚は少ない。ブラジルには家族づれで行ったが、ペルーには、男子が単身で行った者が多く、パラグアイやボリビアに行った者とも異なり、インディオと混じった者も少なくない。日本にいるペルー人に、ひと目で外国人とわかる人が多いのも原住民との混血が進んだことにもよる。

それでいてブラジル人と比較すると、ペルー人の方が結束が固い。しかしこれは、数が少ないこと、さらにペルー人の七〇％が沖縄出身であり、昔の出身地の近似性によるかもしれない。また、ペルー人は、第二次世界大戦時に敵国外国人とみられるのを避けるため、日本政府発効の日本との関係を証明する書類を廃棄した者が多く、これに便乗した不法入国者もあとを絶たない。そのため労働市場では、ブラジル人の方が偽造は少ないとみられ、一時は需要も高かった。

一般にペルー人は、「挙家離国」のかたちで日本に来ており、よい仕事さえみつかれば日本への永住志向が強い。一方、ブラジル人の方は、祖国に両親や近親者を置いてきている者もおり、かれらを中心に帰国への想いも強い。ただし長期滞在の間には祖国も変わっており、帰国してもついていくのが大変である。特にかれらのように製造業を中心に単純労働に従事している場合は、祖国の最新式の技術についていくのは大変なので、日本に永住するケースも多い。子どもがいる家庭では、子どもの進学からして帰国には無理を伴う。未曾有の不景気のなかで、帰国への圧力も加わるが、日系人には、世代を超えて日本に帰還したとみる視点も必要である。

これにアルゼンチン人を加えるとどうなるだろう。日本にはアルゼンチン人もよくみられるが、もともとこの国は、イタリアやスペインからの移民が多い。そのため自分たちの祖先はヨーロッパ人なのだとの意識が強く、南米のエリート国との自負がある。以前、経済の混乱によって国の格づけが落ちたが、その前は南米で唯一アメリカに入国するのにビザを必要とせず、それがかれらの誇りでもあった。こうした誇りは、日系アルゼンチン人にも浸透しており、かれらは教育熱心であり、生活レベルも高い。中流以上のアルゼンチン人には、EUやアメリカの市民権をもっている者も多く、働けるところがあれば別に日本にもこだわらない。中南米三国のなかではアルゼンチンが、エリート国ともいえる。

嗜好品の次元では、ペルー人の方が魚料理を好み、肉料理は少ない。そのため魚業関係で働くこともいとわない。一方ブラジル人は、魚はあまり食べない。それを持ち込んだのも日本人だといわれる。そのためブラジル人には、漁業関係で働くことを好まない人もいる。ペルー人とブラジル人は南米で隣どうしの国だけに、近しいものほど対立は熾烈の箴言通り、ライバル感情も旺盛で、来日初期の頃は、企業によっては一緒に働かせないところもあった。

移民研究者のなかで、「水は低きに流れ、人は高きに流れる」との言葉がある。高きとは生活水準なり、給料のことである。戦前から戦後の初期の日本社会は、まさに移民を求める人でいっぱいだったのだ。

こうして日本人が渡っていった国々には、カナダ、アメリカ、ハワイ、メキシコ、ペルー、コロンビア、ボリビア、ウルグアイ、アルゼンチン、ブラジル、パラグアイ、フィリピン、オーストラリアなど数十カ国にまたがる。そして当時の中南米移住者の子孫の多くが、現在日本に逆に出稼ぎに来ている。

今後重要なのは、日系フィリピン人の問題ではないだろうか。ダバオには、戦前マニラ麻生産のために渡航した日本人男子と、現地女性の間に生まれた多くの日系人子孫がいる。日本の敗戦で日本人が敵国人として追放されたため、日系人子孫には日本人の血が流れているのをおもてにだしにくい状況があった。日系人であることが証明されれば、当然、中南米の日系人同様、日本に定住することが可能になるが、身元を証明する資料が乏しい。

日系フィリピン人問題には、このほか、日比国際結婚のはざまに置かれた子どもたちの問題もある。これは戦前の貧困がらみの移民問題が、最近はグローバルな経済格差によって、結婚や子どもの国籍にまで世界的な格差が影響を与えている例である。日本企業の世界化により、フィリピン赴任中現地女性と親しくなり、子をもちながらその後行方がわからなくなったり、接客業で働く日本女性が少ない地域にフィリピン女性が働きに来、日本人男性と知り合い、子が生まれながら男性の所在が不明になるなどによってである。

4章――在英アイリッシュと在日コリアンの現在

アイルランド人の数

はじめにアイルランド人からみておこう。イギリスには、どのくらいのアイルランド人がおり、どのような暮らしをしているのだろうか。

イギリスでのアイルランド人の計算は、大変難しい。その理由は大きく三つあり、一つは、かれらの入国はここ二〇〇年くらいの歴史があり、過去にまで正確にさかのぼるのが困難なこと、二つは、北アイルランドの存在である。北アイルランド出身のアイルランド人もイギリスには多いが、アイルランドと北アイルランドとは、当然、同一の島として日常的な交流があるので、北アイルランド経由の人の計算が困難なこと、三つは、それとも関連して、北アイルランドはイギリスの一部であり、北アイルランドのアイルランド系の計算の問題である。かれらは、大半が宗教的にカトリックにして民族的にアイリッシュ、国籍がブリティッシュという特徴をもつ。そのため北アイルランド生まれのブリティッシュに計算されている者を、民族的なアイリッシュに加え直すという困難さを伴う。

このような複雑な問題をもつため、意外なことに一九九一年までのセンサスには、アイルランド人はエスニシティ分類には含まれていなかった。通常、イギリスでエスニック・マイノリティが問題になるのは、アフロ・カリビアンやインド人たちであり、アイルランド人は念頭に置かれていない。そのため可視化（visible）されない人々への差別は、人種差別に相当するかなどの議論もあり、アイルランド人に対するレイシャル・ハラスメントの研究も遅れている。かれらは、可視化されないため日常の生活空間では存在自体が意識されていない。

可視化されないということは、「街頭の人種差別（Street Racism）」に遭遇する機会が少ない分、差別が制度的、構造的なものとなり、いっそうその方面の研究が重要になる。イギリスでアイルランド人とイギリス人を区別するのに使われるのは、日常英語のアクセントである。しかし発音には、個人差が伴う。そのためイギリス人でありながら、子どもが小さいときアイルランドで生活していたため、アイルランド訛りが残り、帰国後アイルランド人にみられ差別されることもある（Walter, 2000, p. 61）。反対に、ブリテン島で生活するアイルランド人二世、三世は、英語の発音ではエスニシティの区別ができなくなる。インド亜大陸出身者やカリブ系と異なり、かれらは何にアイデンティティを求めるのか、興味深いところである。アイルランド系は、ローマ・カトリック系の学校に通う者が多いとして、文化や宗教の観点からイギリスの学校教育に注目する者もいる。

いずれにしてもアイルランド人の入国が続いた一九六〇年代、七〇年代は、英語の発音に依拠したみたてのアイルランド人に対する差別（Racialisation by Voices, ibid., p. 61）も深刻化した。イギリスのアイルランド人は、可視化されないマイノリティという点で、日本の在日韓国・朝鮮人と同じような位置に立つ。

エスニシティとしてこのような複雑な問題をもつアイルランド人ではあるが、人口統計調査室（OPCS）が付則データとしてアイルランド出身者を調べている（Hickman *et al.*, 1997, p. 15）。それも参考にすると、二〇〇一年時点でグレート・ブリテン島には、六九万一〇〇〇人のアイルランド人がおり、総人口の一・二％を占める。地域的な分布は、アイルランド人はほかのエスニック・マイノリティと比較して特定地域への集中率は弱まるものの、それでもロンドンに三二％、南東部に一二％、中西部と北西部に各一一％、北東部に九％が主な居住地域である（Social Trends, 2006, p. 3）。

ほかのエスニック・マイノリティと大きく異なるのは、スコットランドにも人口の七％のアイルランド人がいることである。これは、アイルランドの北東部がもともと歴史的にはダルリアダ王国（スコット族の王国でピクト族のアルバ王国と抗争を繰りかえしやがて統合される）として、ノース海峡をまたぐ形でスコットランドと同一王国が形成されていた歴史的事情と、アイルランドがスコットランドと地理的に近接していることによる。ほかのマイノリティは、スコットランドには全体の二％が住んでいるに過ぎない。

ただしこれらのアイルランド人の数は、あくまでもアイルランド生まれの者で、たとえば一九九一年時点でもグレート・ブリテン島には、八三万七四六四人のアイルランド生まれの人がいた。これは全人口の一・五%に相当する。このうち七二・七%の五九万二五五〇人がアイルランド生まれの者で、北アイルランド生まれの者は、二七・三%の二四万四九一四人である（Hickman *et al.*, 1997, p. 18）。これに二世を含めると九一年段階でも約二〇〇万人から二五〇万人に達し、グレート・ブリテン島全体の四・六%を占め、大ロンドンでは、九・六%にもなり、イギリス最大のマイノリティになる。一説によれば、イングランドのウェールズ人やスコットランド人よりも多いといわれる。

入国時期と居住地域

歴史的にみるとかれらの大量入国には、三つの時期がある。一つは一九世紀の半ばで、前述した植民地がらみの飢餓による移民である。二つは、一九五〇—六〇年代のイギリス経済の労働力不足によるもの、三つは、八〇年代のヤッピー（young urban professionals, yuppie 若い都市居住の専門家層）の入国に代表される時期である。これらの時期の違いに応じて住む地域も年齢も異なる。一九世紀の頃から二〇世紀の半ばまでは、スコットランドや北部イングランド、中西部が主だった。しかし八〇年代のサービス産業の時代になるとイングランド南東部が多くなり、特にロンドンが中心となる。現在は、アイルランド系の四九・三%までがロンドンを中心とした南東部に住んでいる。年齢でもロンドンには、二〇—二九歳代の人が多く住み、バーミンガムには、四〇—六九歳の人が多く住んでいる。これは、一九五〇—六〇年代に入国した人の多くが、製造業関係に集中したからである。

第二次世界大戦以降、アイルランド人が最も多く入国したのは、一九五〇年代の労働力不足のときで、ブリテン島のアイルランド人は七六万七四三九人、イングランドに住むスコットランド人の七四万三八五六人やウェールズ人の五四万五三八一人よりもたしかに多いほどである。

かれらの居住地域にも特徴がある。それもアイルランド出身者と北アイルランド出身者で異なる。南の出身者は、スコットランド南西部（Clydeside）の工業地帯やイングランドの北西部（Lancashire）、バーミンガムを中心とした中西部、ロンドンの南東部に多い。これら北西部、中西部、南東部の三つの地域に、その四分の三までが居住している。一方、北アイルランド出身者は、イギリスの一〇の地域全体に散らばり、イギリス人と同じような分布を示す。それぞれの集住地区には、独自のコミュニティが形成されており、たとえばロンドンのイースト・エンド、バーミンガムのアーディントン（Erdington）、スパークブルーク（Sparkbrook）、マンチェスターのゴートン（Gorton）、グラスゴー全域、リバプールなどが有名であり、グラスゴーはカトリック教会が大きな力をもっているし、マージーサイドのリバプールには、リバプードリアン（Liverpudlian）というかれらを指す独自の名称もある（ibid., p. 24）。

かれらのなかには、最終目的地はアメリカだったが、資金のやりくりができずに仮宿のつもりのイギリスの住み家がついの宿となった者も少なくない。当時、極貧のアイルランド人にとってアメリカは希望の新天地であったが、それは遠い夢の大陸でもあった。

職種と階層

つく仕事はどうか。これも時代によって異なる。一九五〇年代から六〇年代の労働力不足の時代は製造業や建設業、交通関係、医療機関（Natinal Health Service ＮＨＳと略される）に吸収されていった。しかし、七〇年代になると労働需要が落ち、一部に帰国した者も多い。八〇年代になるとサービス関係につく者が増え、居住地もロンドンを中心とした南東部に集中するようになる。

アイルランドと北アイルランド出身者でもつく仕事に違いがみられる。南の共和国出身者は、男子は、製造業や建築関係の重労働が多く、北アイルランド出身者は、サービス産業を含むイギリス全体の傾向に近い。一方女子は、看護婦や家事労働、食堂関係、そのほかのサービス産業が多く、特にアイルランドは、イギリスの看護婦の供給地となっており、ロンドン北部の病院などに多くが吸収されている。さらに結婚などにおいても特徴があり、アイルランドの女子は英連邦国やほかのヨーロッパ人と結婚する人がそれぞれ二倍から三倍も多い。これは、移住者の女子によくみられる結婚戦略も含めたエスニシティにこだわらない傾向を示しており、日本でも途上国出身者にみられる。

こんにちアイルランド人は、昔より裕福な者が増えたとはいえ、生活の困難な者は依然として多い。一九九七年の分析による持ち家率をみてもイギリス全体の五〇％に比べて、アイルランド生まれの者は三八％であり、北アイルランド生まれの者は四五％である。しかもロンドンだと持ち家率は三〇％に一段と下がり、カリブの三七％より低い。これは、インド人の持ち家率六七％やパキスタン人の五七％の半分である。反対にアイルランド人の公営住宅の入居率は高く、アイルランド人の二一％、北アイルランド出身者は一七％、それがロンドンだと二九％にも上がる（ibid., p. 58）。しかも家族員数が多く、アメニティも貧しく、セントラルヒーティングのない家が多い。北アイルランド出身者はイギリス全体と同じような傾向がみられるが、アイルランド人には、まだ貧しい者が多い。かれらは不熟練労働者で、インナー・シティ問題をかかえ、社会移動においても上昇できず、一部はカリブ系移民労働者に似ている。

北アイルランド出身者に、ブリテン島の人々と共通性が多いのはなぜか。北アイルランドの人々でもプロテスタント系は、多くが先祖をブリテン島にもつ。ブリテン島の人々と文化的に共通する行動を示すのは当然ともいえる。ほかにも北アイルランドには、イギリスが本国につなぎとめるために多くの資金を投下した。その甲斐あってカトリック教徒のアイルランド人も、そのおこぼれにあずかる機会が増え、南の人々との微妙な経済生活上の違いとなり、行動に差を与えていると思われる。

根強い偏見

このような経済上の差もあり、アイルランド人に対しては依然として偏見も根強い。日常関係のなかで何かもめごとが起きると、かれらは、Irish Bastard、Irish Gay Bastard、Dirty Irish Bastard、Irish Pig、Irish Dog、Irish Bitch、Irish Slag、IRA Scum、Irish Paddy などと呼ばれ、「侮蔑」の対象となる（ibid., p. 117）。Scum は、泡やくずを指し、最下層の人々を表し転じて精液の意味もある。Paddy とは、Patrick の意味でアイルランドの聖人 Saint Patrick をもじったものであり、「アイリッシュ野郎」くらいの意味である。二世以降は、いかにも軽い意味を込めてプラスチック・パディ(plastic Paddy)と揶揄されることもある(Walter, 2000, p. 68)。

また、依然として「飲んだくれ(drunkenness)」の印象も強い。移民のさかんなとき、かれらの多くはアイルランドでも農村部からの出身であった。故郷では仲間と一緒にコミュニティ内に自分の位置を占めていたが、イギリスに来ると都市社会のアパート暮らしになり、仲間とも分断された生活になった。日々の生活時間も自然の日照によるものから人工的な分刻みへと変わり、職場のうさや孤独を慰める手段が酒になったのである。かれらのなかには、現在でも一時滞在の施設や簡易宿暮らしの者がおり、これらの人々にアルコールの消費量の高いことが知られている。イギリスのアイルランド人の酒の消費には、移民社会での単調な生活もかかわっている(Holmes, 1992, p. 39)。

このようなネーム・コーリングの差別に直面したときの「人種関係法」であるが、アイルランド人がこの法律の直接の対象になるか否かには微妙なものがある。人種的な嫌がらせの規定には、「かれらの色、人種、国籍あるいはエスニック的かつ民族的出自に対する個人ないしは集団への嫌がらせ」とあり、アイルランド人がエスニックな集団とみられているか否かには議論がある。この法律ができたとき、直接の対象にされたのは、可視的存在としてのカリブ系やインド系の人々で、アイルランド人は念頭にはおかれていなかった。

そのため北アイルランドには、長らく人種関係法は適用されなかった。北アイルランドでは、人種問題以上に宗教問題の方が深刻だったので、ここでは宗教的差別禁止法が人種関係法にとって代わられていた。しかしブリテン島に遅れること二一年目の一九九七年に、北アイルランドにも人種関係法(Race Relations [NI] Order) がようやく施行され、〇三年には人種関係修正法も導入された。北アイルランドのマイノリティ中、最大のマジョリティである中国系にとって、人種関係法の施行は朗報である。

アイルランド人は、スコットランドではグラスゴー、エジンバラに多く住んでいるが、ダンディーやアバディーンにも多く、ここでは最大のマイノリティを形成している。そこでアイルランド人は、自分たちをイギリスのエスニック・マイノリティに含めること、それにはセンサスの調査から自分たちを独自に集計するように要求していた。

二〇〇一年のセンサスでは、エスニシティは従来の分類とは異なり、大きく「白人」「ミクスト」「アジア人ないしはアジア系イギリス人」「黒人ないしは黒人系イギリス人」、そして「中国人ないしはそのほかのエスニック・グループ」の五つに分類され、アイリッシュは、「白人」のなかでもブリティッシュやそのほかの白人と区別され集計されるようになった。

アイルランド人としてエスニシティ単位に集計されるようにはなったが、センサスでは、出生地と並行してどのエスニック・グループに所属するかも聞いている。日本のセンサスでこの種の調査項目は、二〇一〇年の最新版でも国籍だけである。そこでは外国人と答えた人に、具体的に国名を記入させている。国籍は、調査時点で所属する国家の客観的な調査になるが、所属エスニシティの調査は、本人の主観的な帰属意識の調査になる。

しかしイギリスのように外国につながる人の多い国では、インド系もカリブ系も国籍取得後同じイギリス国籍と集計されては、具体的な民族構成がみえてこない。特にイギリスでは、学校の多文化教育などは一〇年おきのセンサスが重要な基礎データになるので、たとえ主観的とはいえ、本人がどのエスニック・グループに帰属していると考えているかは重要である。イギリスと日本の、外国につながる構成員の量と質の差によるセンサスの違いといえる。センサスは、その国の文化を映し出す鏡でもある。

さて近年の在英アイルランド人の問題は、高齢化である。特に一九五〇年代に入国した多くの人々が高齢化し、なかには年金のない人も含まれる。かれらの多くは、祖国をあとにしてすでに半世紀も過ぎており、郷里とつながりを欠くものが大半で、今さら「帰国」して解決できる問題でもない。日本のオールドカマーとも共通する問題である。

マイノリティのなかのマイノリティ

なお人種関係法との関連でいえば、アイルランド人もさることながらマイノリティのマイノリティともいえる「トラベラーズ」が含まれていないことも問題である。

トラベラーズとは、ジプシーともロマとも呼ばれる移動する人々のことである。近代産業革命発祥の地としての印象が強い日本人のイギリス観からすれば、定住を避け国内を放浪する民が今もいるとはにわかに信じがたいことだが、これはかの国の近代化が下から自然発生的に行われていったからであろうか。日本でこのような人々が一掃されていったのは、かえって後発国日本の方が、中央集権的に厳しい同化政策が徹底されたからかもしれない。

これまでイギリスのセンサスには、トラベラーズの帰属を尋ねる項目はなかった。二〇一一年のセンサスからエスニック・グループへの帰属を問う選択肢に、ジプシーまたはアイリッシュ・トラベラーズが追加される予定である。対策を練るにも対象者の実態を知る必要がある。センサスは時代を映し出す鏡でもある。

いずれにしろイギリスには、定住を好まない人々が各地にいるが、偏見を生みやすいジプシーに代わる名称として以前からトラベラーズが使用されてきた。かれらの起源は、ロマに通じるものも多いが地域によっても異なり、北部ウェールズのジプシーはケール（Kale）とも呼ばれ（佐久間、二〇〇二、九〇頁）、スペインからフランスやイングランド南部のコーンウォールを経て住みついたとみられている。アイルランドではさらに複雑で、かれらは飢餓や飢饉と結びつけて理解されることが多い。すなわちブリテン島側の侵略と定住のために、土地を失った民族の歴史と結びつけられてである。そのためアメリカに渡ったアイルランド人のなかにも、トラベラーズがいる。

アイルランド人が嫌悪される理由の一つは、トラベラーズに対する偏見と混同されることにもよる。トラベラーズのデータはいつもとられているわけではないのでやや古くなるが、一九八七年のマイノリティ人権擁護団体（Minority Rights Action Group）の調査によると、このときイギリスには一一万五〇〇〇人のトラベラーズがいた（Hickman *et al.*, 1997, p. 21）。うち一万三〇〇〇人がアイルランド人であり、イングランドでは六万三〇〇〇人のトラベラーズのうち、八〇〇〇人がアイルランドのトラベラーズである。このなかで最も多いのがロンドンで、三二〇〇人を数える。

ロンドンでは、三二のバラ（区、外ロンドンを含む）のうち一七のバラがトラベラーズの数を把握している。このうち詳細な統計をとっているハローのバラを例にすれば、ここには二〇九人のトラベラーズが定住生活をしており、五八人の婦人、三〇人の成人男子、一二一人の子どもがおり、子どもの内訳は三〇人の未就学児童、六四人の小学生、二七人の中学生であった（ibid., p. 21）。

イギリスでは、一九六八年にキャラバン敷地法（Caravan Sites Act）が施行され、この法律でジプシー（ロマ）とは、「かれらの人種や起源がどうであれノマド的な生活習慣の人々を指し、各地を巡回するショーやサーカス関係者、あるいはこのような人々とともに旅する者は含まない」と定義された（ibid., p. 129）。ジプシー（ロマ）とトラベラーズはここでは区別され、後者の方がより敬遠された。このトラベラーズのなかにアイルランドのトラベラーズがおり、かれらが最も「嫌悪」される。

アイルランドには、〇六年のセンサスで二万二〇〇〇人のトラベラーズがいるとされるが、実際には二万七〇〇〇人から三万人ぐらいはいるといわれる（NCCRI, p. 20）。アイルランド人もトラベラーズと自分たちを区別したがるが、近年は多文化の時代とされ、ユダヤ人もいれば、イスラームの人々もおり、さらにアジア系やアフリカ系もおり、さらに固有の先住民としてトラベラーズとの共存が課題とされている。

〇二年のアイルランドのセンサスでは、トラベラーズの男子の七三％、女子の六二％が失業中であり（ibid., p. 75)、就業機会を増やすことで社会的統合政策を進めている。しかし実際にトラベラーズが働くとなると、自らのトラベラーズとしてのアイデンティティを隠さなければならず、トラベラーズに対する偏見は強い。トラベラーズへの差別を禁止する法律も重要だが、単なる法の施行だけで改善するのは困難であり、目標を定めて取り組む必要性も指摘されている。また、雇用にありつけても、専門的な知識や資格に乏しく、教育機会の確保から始めなければならない。マイノリティのなかのマイノリティの改善は、始まったばかりである。

イギリス側でもトラベラーズの人口は、定住しないので正確にはわからない。そのうえ、イギリスでトラベラーズが嫌われるのは、その非定住性と並んでアイルランド性（Irishness）であり、イギリス人は、しばしばアイルランド人のなかにトラベラーズ性、すなわち「旅職人」なり「移動性」「漂流民」としての性格をみている。

アイルランド人にとってアイリッシュネスとは、ブリティッシュネスと区別された、ゲール性なり、カトリック性を柱としたアングロ・ブリティッシュネスの抑圧に対する抵抗のシンボルであるが、イギリス人にとってのアイリッシュネスとは、「野蛮」で「貧困」ゆえに放浪性に近いものである。古くは、飢饉で土地を失い周辺を放浪しながら廃品回収業で生計をたてていたティンカー（Tinkers 語の由来は金属を打つ音に由来する（Gmelch, 1985, p. 19））に並ぶイメージである。アイルランド人の貧困にまつわる偏見の根は深い。

在日韓国・朝鮮人の職業と生活

では、在日韓国・朝鮮人の職業、生活、階層はどうだろう。かれらの生活が日本に来た当初から、時代を経てどのように変化してきているのか、この問題は、かれらの連行の歴史や教育、諸権利の動向に関する研究と比べると、意外なほど少ない。しかし、いくつかの貴重な研究から判断すると次のような歴史的変化が浮かび上がる。

はじめに、比較する年代をここでは戦前、戦後間もない時期、一九八〇年代、現在と大きく四段階に分け、さらに戦前は、一九二〇年、三〇年、四〇年と三つに分けて職業と階層をみ、そこから生活レベルを判断することにしたい（呉、一九九二）。

前述したように日本が朝鮮半島を植民地にしたのは、一九一〇年である。朝鮮半島併合当時の在日朝鮮人人口は一〇〇〇人を切っていたが、その一〇年後の一九二〇年は、四万七五五人である。このうち最も多い職業は、工業一般（三四・五％）であり、次が土建業（二〇・八％）、そして鉱業（一五・八％）、運輸業（一一・七％）と続いている（**表1**参照）。ここでいう工業一般とは、鉄精錬、造船、銃弾製造などであり、土建業とは土木や人夫等であり、鉱業とは、鉱山、炭鉱などの採取労働である。これらの職業構成からみても朝鮮人が、文字通り、日本資本主義の底辺を担う労働者として配備されていたことがうかがえる。

日本が第二次世界大戦の泥沼に向かう一九三〇年の朝鮮人の職業はどうだろう。この一〇年間で朝鮮人の人口は一〇倍の四一万九〇〇九人に膨れ上がっている。最も多い職業は、工業一般（二八・六

表1　戦前の在日朝鮮人の主な職業

職　業	1920 年	1930 年	1940 年
工業一般	12,138（34.5%）	74,396（28.6%）	179,976（34.3%）
鉱　業	5,534（15.8%）	16,304　（6.3%）	68,636（13.1%）
土建業	7,290（20.8%）	63,770（24.6%）	100,258（19.1%）
運輸業	4,113（11.7%）	20,985　（8.1%）	36,238　（7.0%）
その他略	…	…	…
総　計	40,755（100%）	419,009（100%）	1,241,315（100%）

出典：呉（1992）より作成．

％）、土建業（二四・六％）と変わらないが、以前の鉱業より運輸業（八・一％）がわずかに多くなっている。

第二次世界大戦に突入した一九四〇年になると、朝鮮人の人口は一二四万一三一五人と二〇年の三〇倍、三〇年の三倍になり、日本人のみならず朝鮮人をも巻き込む形で総力戦になったことがわかる。強制連行が始まるのもこの頃からで、以前の入国者は強制ではない。強制以前の入国者が、現在の特別永住者の大きな層をなしている。またこの時期、職業も上位三位までは、再び一九一〇年と同じ、工業一般（三四・三％）、土建業（一九・一％）、鉱業（一三・一％）となる。

要するに戦前までの朝鮮人の主な職業は、戦争遂行のための鉄の精錬や造船、弾薬製造、さらに当時の基幹産業ともいえる石炭の採掘、鉄橋やトンネル等の土木工事であり、現在の日本でいうならば、危険、汚い、きついの３Ｋを地でいく仕事に集中していた。こうした一般に人のつきたがらない労働に特定のエスニシティが集中することは、すでにアイルランドの例でもみたように、当の民族に対する偏見を大いに助長させることになる。

『大阪朝日』は、当時の朝鮮人の生活を次のように書く。

「彼等の生活状態は朝鮮村を内地に移したような状況で……この極端な不潔と朝鮮人丸出しの日常の行為には付近に住む内地人に一種の不快と嫌悪の情を生ぜしむるものが、尠くない、何しろ衛生思想など皆無の連中の事とて年が年中垢でピカピカ光る一張羅の朝鮮服を着通しが多く、八畳敷きの室に十数人も蠢々雑居し食器寝具など汚れたら汚れたままの放つて置き主義というのだから暑い頃など伝染病に対する恐怖を感ぜしめられる事夥しい」(文、二〇〇七、四一頁)。

この一文は、さまざまな民族に対する偏見が、なぜ形成されるかを見事に教えてくれる。まずあるエスニック集団の一定数が集住すること、どの人も生活に追われ身なりなどにはかまっておられない最底辺の暮らしをしていること、衛生的にも目を覆いたくなること、そのことが一般住民にも疫病を蔓延させるかの不安を与えること、さらにマジョリティと交わらずに自分たち独自のネットワークがあり、同時に自らの文化や習俗を実践することによって一般から遊離すること、言葉もわからないところから何を考えているか不気味な存在としてもみられることなどによってである。

偏見をいだく者は、あるまとまった集団の、このような生活に対し、特異な像を自分の身体にまつわる衛生的、生理的次元にまで昇華して構築する。現在の外国人に関しても、似た作用が働いているのではないだろうか。

悲惨な朝鮮人の生活は、大阪ばかりではない。東京も同様である。たとえば江東区の南側の埋立地枝川である。今では、埋立地はさらに南下し、かつ高層ビルも林立し往時を偲ぶことはできないが、一九四〇年代初期には突如建てられた朝鮮人のための集合住宅があった。一九四〇年に東京オリンピックが開催されるというので、区内のバラック小屋で居住していた朝鮮人が集められ、埋立地に移動させられたのである。

当時のオリンピックがらみで、朝鮮人住宅を人目のふれないところに隔離したとする説には異論もあり、むしろ「内鮮一体」化のもとで不良住宅改善の「皇民化政策のなかでとらえることも可能」とする見方もあるが、いまだ断定するには至らず、今後の課題とされている（高柳、一九九五、六八頁）。

いずれにせよこの付近は、ゴミ焼却所もあり、悪臭漂い、およそ人間の住むような場所ではなかった。昔の朝鮮人地域に対する、敬して遠ざける——一目置くようなふりして疎んじる心象は、こうした状況のなかで作り出された。文京洙のいう通り朝鮮人の住まいや住居といっても、これはおよそ「人が暮らす」「住む」という感覚からは、はるかに遠いものであった（文、二〇〇七、一二五頁）。

姜尚中のような比較的若い在日世代も、戦後のスラム化した生活の目撃者である。

「トタン屋根に粗末な板張りの、風が吹けば飛ぶようなバラックが、所狭しとひしめき、狭い路地の坂道にはうす緑に黄色がかった糞尿や排水が浸み出し、鼻をつくような異臭を放っていた。集落の所々に豚小屋が点在し、豚たちが屎尿処理の役を引き受けてくれていた。と同時に糞尿にまみれた豚たちは、ヤミのどぶろく造りの臭いを消してくれる打って付けの相棒だった」（姜、二〇一〇、一〇八頁)。

アイルランド人にとっても豚は、汚物の一切を処理してくれる便利な生き物だったが、日本でも豚は戦後の貧民街で汚物の処理から匂い消しまで、欠かせぬ「貴重な」働きをしていたのだ。姜の例は熊本であるが、少年時代東北の村々を転々としていた私は、日本人の過疎集落でも同じような光景を経験している。

エンゲルスによるアイルランド人の動物さながらの日常生活に対するあの驚愕は、当時の周辺化された貧困地域に住む日本人にもいえたし、それはまた日本に住む朝鮮人にもいえた。朝鮮人に対するその後もなかなか消えることのない偏見は、アイルランド人同様に、祖国を離れざるをえない状況に置かれ、最底辺の生活を余儀なくされた植民地政策との関連で把握されなければならない。

戦後においても外国人の日本での経済的活動には、厳しい規制がしかれた。「外国人の財産取得に関する政令案」(一九四九年)は、発表されるや朝鮮人や台湾人も含めて広範な反対運動にさらされのちに撤回されるが(呉、二〇〇九、二〇五頁)、外国人が豊かになることには、日本人の厳しい目が光っていたことも忘れてはならない。まさに植民地出身の住民は、生かさぬように殺さぬように、だったのである。

向上する暮らし

では、戦後の職業は変わったろうか。一九五二年を例にとると、有職者中多い順に（その他をのぞく）、日雇い（一八・四％）、商業一般（一六・一％）、工業（一二・六％）、土建（一〇・三％）である（**表2**参照）。戦争直後二四〇万人に達した朝鮮人人口も、五二年には五三万五八〇四人にまで減少し、強制連行された多くも帰国したが、一九三〇年代以前に入国した者や滞在が長期化し、子どもの教育や祖国での生活に不安のある人には、当分祖国の状況をみてからにした者もいる。混乱の当時、この種の正確なデータをとることは困難で、呉の新著によるGHQの一九四六年三月の調査では、在日朝鮮人は六四万七〇〇六人とされる（呉、二〇〇九、二一頁）。

有職比率ですぐに目につくのは、戦前の工業や鉱業従事者が職を失い、日雇いへと追いやられている事実である。当時、正確なデータは難しかったといわれているが、朝鮮人の完全失業率（五・一四％）は日本人（〇・六四％）の八倍という〇七年後半のアメリカのサブプライムローンに端を発した〇八年八月の日本の失業率五・五％から推測しても、その混乱・困窮ぶりがわかる。

あらためていうまでもなく、日本が「サンフランシスコ平和条約」を受け入れて朝鮮人の日本国籍を一方的に剝奪したのは一九五二年である。戦後すぐは帰国者が殺到し、一九四六年三月までに一三四万人が帰国したといわれる（小沢、一九七三、一八七頁）。その後も帰国者は出たが、

表2　1952年の在日朝鮮人の主な職業

職　業	1952年
日雇い	35,588（18.4%）
商業一般	31,186（16.1%）
工　業	24,573（12.6%）
土　建	19,991（10.3%）
その他略	…
総　計	535,804（100.0%）

出典：呉（1992）より作成.

表3　1980年代半ばの在日コリアンの職業構成

職　業	1986年
技能工・生産工程従事者	40,722（23.8％）
事務専従者鉱業	40,179（23.5％）
販売従事者	36,256（21.2％）
管理的職業	14,608　（8.5％）
運輸・通信関係	12,733　（7.5％）
サービス業従事者	10,399　（6.1％）
その他略	…
有職者総計	171,000（100.0％）

出典：呉（1992）より作成.

しだいにその流れが少なくなると、残った者は帰国を放棄した者とみられ、日本にとどまること自体疎ましがられる存在となった。これは職業構成からもみてとれる。朝鮮半島が解放されたとはいえ、南はアメリカが占領しており、南北に分断された祖国に帰国するも、日本にとどまるも地獄だったのである。

このまま日本に留まり、厳しい差別に身をさらされるより、いっときも早い祖国の統一のためにも社会主義建設の礎にと人々が決意を新たに「北」へ向かうのは、これから間もなくである。戦前の単純労働者といい、戦後の失業状態といい、こうした悲惨なかれらの生活が、その後の朝鮮人のステレオタイプを形成するうえで大きな役割を果たしたのは容易に想像できる。

ようやくかれらの生活に改善の兆しがみられるようになるのは、一九七〇年代以降であるが、ここでは一九八六年をみてみよう。有職者を多い順にみると技能工・生産工程従事者（二三・八％）、事務専従者（二三・五％）、販売従事者（二一・二％）、以下管理的職業（八・五％）、運輸・通信関係（七・五％）、サービス業従事者（六・一％）となっている（**表3**参照）。日本経済の七〇年代、八〇年代のバブル景気がかれらの職業にも影響を与え、従来まで第二次産業に限定されていた職業構成に、事務職や販売、サービス業関係者、医療・保健技術者（一・六％）等、第三次産業が台頭しつつあるのがわかる。

在日韓国・朝鮮人の職業構成の変化を研究している人によると、一九八五年に五万五六八六人いた製造業従事者は、二〇〇〇年には四万五四四人となり、その分サービス業従事者が四万一〇七〇人から六万二一八九人と五〇％も増加したことを指摘している（在日朝鮮人人権協会）。すなわち日本人の雇用と同じように、製造業からサービス業への移行がみられるのである。

こうしてみると、在日韓国・朝鮮人の生活状態も在英アイルランド人同様、このところ大きく変化しており、以前の職業で多かった、自営業、民間企業、臨時雇いの順が、世代によって異なり、自営業や中小零細企業、臨時雇いで働く者がこのところ減少している。しかもそれに合わせるように、在日韓国・朝鮮人の世代ごとの進学率が上昇している。

かれらの全国的な高等学校卒業後の進路調査はなされていないが、奈良県外国人教育研究会がしばしば貴重な調査を行っている。それによると二〇〇〇年九月時点であるが、一一一名の外国人生徒中、回答者が八〇名、うち短大、専門学校、浪人等も含め上級学校への進学者は六二名（在日コリアンは五七名）、七七・五％であった（インターネットで検索可能である）。

東京都で唯一高等部をもつ東京朝鮮中高級学校を例にみても、近年は多くの生徒が大学に進学している。このような日本の高校をもしのぐ進学実績を上げながらも、依然として学校単位でセンター試験の受験資格が認められておらず、大学受験も資格の有無が各大学にまかされるというのは、問題といえよう。最近でも実際にある私立大学は、高校卒業程度認定試験に合格していないとして受験を拒否している。

在日の四類型

このように在日韓国・朝鮮人もまた刻々と変化している。それだけに既存の概念で考察することには、慎重さが求められる。現実は多様に変化しているのに、以前からの概念を使用するため生の現実をみる前に固定したイメージで、わかった気持ちになるからである。既知の概念を使用することに伴うヴァイアス（後述のコラム参照）には、いつも警戒的であるべきだろう。しかしかれらの存在を無限に多様とばかりいっても済ませられないので、いくつかの指標に基づいて類型的にその特徴に迫ってみる。

在日韓国・朝鮮人を類型的に把握するとなると取り出す指標にはいくつかあるが、ここでは当人が使用している名前と帰化の有無という客観的な事実に注目することにしたい。意識のレベルでは、これ以外にも注目しなければならないものはいくらでもあるが、あまり複雑になると応用性を欠くので、筆者自身の在日コミュニティとの接触を交えて、この二点を通してみられる日常活動の特徴を考えてみたい。私見では、在日韓国・朝鮮人は次の四類型が典型ではないかと思われる（**表4**参照）。

一つは、本名で通し帰化もしないタイプ。二つは、本名を名のりながら帰化したタイプ。三つは、通称名を使用してはいるが帰化はしないタイプ。四つは、帰化しかつ通称名を使用している人である。在日韓国・朝鮮人の運動や集会で発言が多く、同胞集団で力があるのはタイプ1の人々である。これ

表4　在日韓国・朝鮮人の使用名と帰化による類型化

類　型	氏　名	帰化の有無	主な特徴
タイプ1	本名で生活	帰化しない	運動のリーダーになるケース
タイプ2	本名で生活	帰化した	民族名によるアイデンティティ重視
タイプ3	通名で生活	帰化しない	大半の在日にみられ，民族性の保持は追求
タイプ4	通名で生活	帰化した	運動から遠ざかるケース，同化された存在

は、民族名も国籍も変えないタイプである。ただし国籍には、朝鮮籍のままの人もいれば、韓国籍を選択した人もいる。前者には「朝鮮」なり「朝鮮民族」は一つとの信念を持ち続けている人がいるが、韓国籍の人も独自のプライドをもっている。在日本大韓民国民団（旧在日本大韓民国居留民団、以下民団と略）ですら、帰化すれば本部の団長や議長、監察委員長等トップの座にはつけない。帰化した人の場合、つけるのは副までである。

近年は、在日の活動も映画や音楽、作家、研究者等多様化しているので、1のタイプをコミュニティ内部の運動にのみ限定して考える必要はない。それぞれ専門職を通してのリーダーということになるだろう。

オールドカマーの運動や集まりでややもすれば参加しづらくなるのは、2、4のタイプの人である。ただし2のタイプの人は、国籍を取得して実業界で活躍する人にもみられるし、近年の若い人にも増えている。孫正義はこのタイプであり、そのほかにも大手パチンコ、マルハンの創業者、韓昌祐もそうである。一般の人に2のタイプは少なかったが、最近は政府が帰化をすすめていることもあって増えている。

一九八七年一二月には、帰化した朝鮮人の民族名の復姓が認められているから、これを実行した人も2に含まれる。日本で生活し、海外で活躍するために日本国籍は取得しつつも、自分の先祖が朝鮮半島に由来し、かつ日本が多民族・多文化からなる社会であることを示そうとする運動も近年さかんだが、すでに実践している人もこれに含まれる。

3は、これまでの在日韓国・朝鮮人にみられたタイプである。帰化しなくても通名で生活するのは、さまざまないやがらせを回避するためである。3が多いこと自体、これは差別する側の日本人の問題である。4は、もはや日本人とあまり変わらない。名前も日本名、選挙も可能、祖国の出自は残っていない。そのためかつての抑圧者の国籍を取得し、名前まで変えたことへの反発を予想してか、かれらはこうした運動からしだいに遠ざかる傾向にある。

これを世代別にみると、タイプ1は主に一世、二世にみられるもので、三世以降は、タイプ4が多くなる。このところ在日韓国・朝鮮人の運動が衰退しつつあるのも、この世代間で1が減り、4が増加していることにもよる。たしかに三世、四世にとって一世の祖国は遠い存在であり、むしろ自分にとってつながりの深い日本社会の方が重要になりつつある。

ここで在日の典型といったのは、現実には国際結婚が進んでおり、両親のどちらかがノン・コリアンであることが多いからである。もし本人が外国人なら、日本式に倣って結婚を契機に姓のみを日本式配偶者名にし、名のみを残す人も多い。また親が国際結婚した子どもなら、両親のどちらかのルーツを踏まえて1を選択する者もいれば、民族名を名のりながらも日本籍を選ぶ2の者、逆に3のように祖国の国籍を選択しつつ日本名の者、あるいはすでに通名で生活しつつ、国籍も両親のいずれかの日本籍にした者がいる。世代が進めば、当然タイプ4が多くなる。在日の人々が本名を使用しない限り、このままでは歴史的な在日韓国・朝鮮人の存在が、日本社会から消えると危惧されるのもうなずける。また、組織で運動しているときと地域社会で生活しているときで、本名と通名を使い分けしている人もいるから、現実はやはり複雑である。

移動と疾患

こうして近年、在日韓国・朝鮮人も多様化し、一様ではないマイノリティを地でいく感がする。このような在日韓国・朝鮮人の多様性を明るみにしたのも、韓流ブームが契機である。きっかけはドラマや映画であってもごく普通の「おばさん」たちまでが韓国に関心をもち、行き来するなかで、自分のルーツへの「こだわり」も薄れていったものと思われる。

この背景にはさらに、日本の外国人も多様化し、旧植民地出身などいうことは、差異の大きなほかの在日外国人からすれば、その政治的な抵抗のシンボルさえ除くと「異母兄弟」のような近しい関係にあり、これまで目立たぬように生きてきたのは、ニューカマーにもそのような生きざまを強いているむしろ日本社会の問題であることを、外国人層が厚みを増すなかで自覚化したことも大きい。

それと何よりも無視できないのは、かれらの生活が向上し、日本という社会でたしかな地位や活動を築き上げてきた自信も大きい。高学歴化や仕事の専門職化は、差別を少なくさせる働きをもつ。筆者としてはこの点を重視したい。

しかし生活の向上にもかかわらず、依然として深刻な問題も多い。その一つに移住者によくみられるアルコール中毒や自殺の問題がある。

イギリスでもインド亜大陸出身の若い女子に自殺率の高いことが明らかになっている。公的世界では西欧流の生活にさらされながらも、私的空間では結婚を中心に送り出し国の文化が強制され、そのギャップに悩んでである。イスラーム圏やインド亜大陸圏では、女子は家の名誉のバロメーターといわれ、幾重にもからまる規制下に置かれることが少なくない。公的空間と私的空間とで違ったことを教えられることにより、何をアイデンティティのよすがに生きればよいか、わからなくなるのである。

日本で生活するようになった在日コリアンに、インド亜大陸出身の人々がイギリスで直面するような文化的ギャップにさらされる者は少ないだろう。以前なら結婚による差別も深刻だったが、現在は和らいでいる。むしろかれらのなかでは、男子の働き盛りの人に自殺やメンタルな問題を抱えている傾向がみられる。これは日本社会で、家庭を切り盛りするために、背伸びし、頑張り過ぎることと無縁ではない。自殺に至らずとも、精神疾患に悩む人も多い。心の病というよりも、自分の置かれている社会空間による軋轢の方が大きい。

精神科医の黒川洋治は、在日韓国・朝鮮人の精神障害を扱った遺言書ともいえる本のなかで、かれらの治療には、かれらの置かれている差別や偏見、排除などの社会的・歴史的構造の理解が重要なのに、「いきなり精神医学の土俵に乗せられ、診断・治療へと突き進」む（黒川、二〇〇六、四七―四八頁）、現場の危うさ、性急さを指摘している。精神障害などと深くかかわる飲酒の習慣などは、かれらの置かれている社会背景を抜きには考えられないのだ。重要な指摘である。

このような問題の背後には、在日韓国・朝鮮人の場合、四世、五世になってもかれらの統合が進んでいないことがある。統合するには、外国人であっても定住している者には諸権利を付与することであるが、これは次章でシティズンシップの問題として議論する。いずれにしても、人の移動が世界的規模で起きているこんにち、移動する人々と心理的、精神的病の関係は重要なテーマである。

コラム④　言葉と国民性

われわれ日本人は、日本語を話すことによっても刻々と「日本人化」していく。角田忠信は、『日本人の脳』のなかで、日本人らしさが、大脳の左脳の積極的な活用と関係していると述べている。左脳は、母音や虫の音などに敏感であるが、日本語や日本人が虫の音に感嘆するのは、左脳を使用しているからという。反対にヨーロッパ人は、右脳を活用し、それだけに子音が多く、虫の音にもそれほど敏感でないという。このような大脳の研究から、かれは、日本人が日本語を使用する限り、これからも日本人的であるし、在日の人々が日本語を使用する限り、限りなく日本人に近づくとみている。

これと似た研究が、他国でもなされている。それは、サピア－ウォーフの仮説といわれるもので、エドワード・サピア（Edward Sapir 1884–1939）とベンジャミン・リー・ウォーフ（Benjamin Lee Whorf 1897–1941）の二人の言語学者の到達した結論に基づくが、いまだ仮説の域を出てはいない。

エドワード・サピアは、二〇世紀初頭、アメリカで活躍した言語学者である。一方、ベンジャミン・リー・ウォーフは、もとは火災防止技師であり、技術者として当時注目されていた。旅を好み、アメリカ先住民やメキシコのアズテク部族などを訪問しているうちに、人類学や言語学に興味をもち、後にサピアのいるイェール大学で学ぶうちに、かれらの到達した結論が類似していることからこう呼ばれるようになったのである。

かれらの結論を一言でいうならば、人間は言葉を解してのみ思考しているに過ぎず、生の現実を直接に認識しているのではないということである。ここから一連の問題、興味深い見方が導出される。もし言語を介してのみ認識しているに過ぎないとすれば、言語化されていない現実は認識されていないこと、現実は刻々と変化しており、以前の現実に依拠して作り出された言語と今の現実には乖離があること、その意味でも人間の認識には、二重の限界があること、言語が生の現実の絶対的な反映ではないという意味でも、刻々と現実との間に乖離が作られるという意味でもそうである。

かれらの「言語相対主義」の考えは、言語に対するこうした自覚から生まれた。人間が言語を頼りに認識しているのだとすれば、言語は民族の文化を表現するものだけに、現実の認識には、文化による異なる認識が可能になる。また、特定の民族文化を反映する言語を使用するということは、使用する本人の行動をも特定の民族に近づけていくことになる。

人間が現実をみているのは、生の現実そのものではなく、言語を通してみているに過ぎないとの説は、同じ頃の社会学者や哲学者によっても自覚されていた。言語を概念と考え、概念によって表現されている現実は、現実そのものではなく、現実の一部であり、よって特定の概念を使用するときとりわけ重要なのは、無限に多様な現実のある一側面にしか過ぎないこと、その意味で概念の限界の自覚を分析者に求めて、概念を理念型として把握しようとしたウェーバーの試みは、有名である。

また、同時期、社会学者のジンメルも、われわれが認識しているのは、生の現実ではなく、概念の道具を借りた概念化された現実に過ぎないと述べている。ジンメルは、すでに人間は、概念の力を借りることなく純粋に認識することはできないという。かれらは、概念という形で現実と概念化された認識なり現実との差を自覚していたのである。かれらが、次々に移りゆく現実と、古い概念を「概念の物象化」としてそこからの脱却を説いたのもこの点にかかわっている。

サピア－ウォーフの仮説は、あくまでも人間の認識や行動に関する仮説ではあるが、こんにちのような多文化社会の異質な行動を説明するのに興味深い視点を用意している。血統的には同じ日本人でも、ブラジル育ちの日系人が日本人の行動と異なるのは、育った文化背景が異なるからだが、さらには、特定の言語によってのみ思考していることにもよる。特定言語の使用は、本人の行動をその言語を生み出した文化に限りなく近づけていく。

在日韓国・朝鮮人が、日本で育ち、日本語を使用することにより、韓国を訪れたとき、君は韓国人ではなく日本人だといわれてショックを受けるのも、外的環境が日本というばかりではなく、もっぱら日本語でのみ思考し、行動していることにもよる（角田、一九九六、一四六頁）。類似のことは、短期留学者にも生じることで、英語を話し、英語で反応・行動しているうちに英米系の行動様式が身につくことは誰しも経験することだろう。サピア－ウォーフの仮説は、こうした事例の解明へのヒントを含んでいる。

それは、文化並びに言語は、それを使用する人々に民族独自の世界観、価値観をも形成するというものである。民族ごとに世界観が異なるのは、民族ごとに異なる文化とそれを表象する言語があるからで、言語は固有の価値観や世界観を当の民族の大脳皮質に刻み込む。子どもは、無色透明の文化、世界に生まれるのではない。両親の、家族の、地域の固有の文化と人間関係のなかに産み落とされる。幼いときから使用するコミュニケーション言語を通して両親の、友人の、地域住民の身体化された行動様式や世界観を身につけていく。

これでいうと人権にも、宗教や地域によりいくつかの差異のあることが指摘されているが、これは固有の宗教に基づく言語、概念を使用することによる独自の価値規範、規律を重視するところから生まれる。さらに、この固有の言語やアクセントは、大脳皮質が柔らかい一〇歳ぐらいまででないと習得できない。それを過ぎると習得は困難であり、それだけにこの時期の教育機会の保障は、人間として成長させるためにも必須のこととなる。

5章——市民権の日英比較

マーシャルの問題提起

国民だけが、長期間その国に生活しているのではない。グローバリゼーションの時代には、経済活動、研究、留学、結婚等さまざまな目的で海外に長期滞在する機会が増えている。そのため単なる短期滞在者や旅行客と区別して、かれらの権利を守る必要が生じてくる。こうした長期滞在者をこんにちデニズンと呼んでいる。デニズンとは、もともと「君主が国王大権に基づく開封勅許状によって、イギリス臣民としての地位を認めた外国人」(Hammer, 1990, 二八頁)として、一八四〇年代まで用いられていたものである。このときもデニズンには、公務員になることと国王から土地の権利をもらうことは認められていなかったが、現在は「合法的な永住者の資格を有する外国籍市民」(同書、二九頁)をさすようになっている。このデニズンの権利を考えるうえで大きな貢献をしたのは、T・H・マーシャル(Marshall, T. H. 1893-1981)である。

マーシャルの代表作『シティズンシップと社会的階級』は、ケンブリッジ大学で経済学者のアルフレッド・マーシャル（Marshall, A. 1842-1924）にちなんで設けられた「記念祭」での講演がもとになっている。ここでかれは、随所にアルフレッド・マーシャルの文言を引用しながら、社会学の当面の課題を提起した。

なかでも重要なのは、アルフレッド・マーシャルが、一八七三年に『勤労諸階級の未来』という論文のなかで、階級の廃止や富の完全な平等を非現実的なものとみて、むしろ現実的なのは、そうした階級間の差や富の不平等にもかかわらず、社会成員の誰にも上昇する機会が平等に開かれていること、具体的には当時ジェントルマンになるには高い教育を身につけることが必要だったから、高等教育を受ける権利を保障すること、そのうえで、自由な競争のもとでの諸権利の実現を重視したことである。

T・H・マーシャルによれば、このような諸権利には、市民的、政治的、社会的な一連の権利が存在しており、これらの権利は、歴史的に漸次、市民によって獲得されたものである。これらの諸権利が社会成員のすべてに開放されていれば、いかに階級が異なろうとも、その社会は誰にも上昇の機会が存在する開かれた社会になれる。当時の社会主義者のいう、階級の廃止や富の完全な平等が現実味に乏しいものである以上、むしろ重要なのは、このような諸権利を社会の構成員に等しく認めることの方だと考えたのである。

特にマーシャルが、この時代すでに、これらのもろもろの権利のなかでも強制が必要とすれば、教育を受ける権利の行使であるとみていたのは重要である。というのも教育こそは、市民の資格や階層を決定するうえで最も基本的なものだからである。現在、日本では外国人の児童・生徒は教育への権利はあっても義務（強制）はないとされているが、そのことによる不利益は年々拡大しつつある。

アルフレッド・マーシャルの時代、かれのこの理論は、階級や所有をめぐる対立をいっきに乗り越えようとした社会主義との関連で注目されたが、こんにちでは、一つの国民国家のなかに多くの異なるエスニックなマイノリティの存在する時代を迎え、外国人にも等しい権利、すなわち市民権を与えることによる「統合」との関連で注目されている。アルフレッド・マーシャルの時代は、同じエスニシティ間での階級的な差であったとすれば、こんにちはエスニシティの異なる人々のあいだでの差が問題になっている。それを克服し、統合するものとしてのシティズンシップ概念の登場なのである。市民権が、移民労働者や外国人労働者の統合戦略ともなりつつあることに時代の変化をみておきたい。

T・H・マーシャルによればシティズンシップには、前述したように市民的権利、政治的権利、社会的権利があり、はじめに市民は、一八世紀に言論の自由や表現・出版の自由、結社の自由など市民的権利を得、次いで一九世紀になり、多くの国民に参政権に代表される政治的権利が授与され、さらに二〇世紀には義務教育や保健、福祉等の社会的権利が付与されたという（Marshall, 1992, 一九頁）。このような見方に対しては、権利の獲得のされ方がどの国にも共通するかのような機械的かつ進化論的解釈に過ぎるとのギデンズ（Giddens, A. 1938-）の批判もある。

たしかに外国人の場合は、はじめに社会的権利を付与されることが多かった。これはハンマーの指摘を待つまでもなく（Hammer, 1990, 七八頁）、日本でもみられる。在日韓国・朝鮮人の参政権はいまだに認められていないが、国民健康保険や公営住宅等への入居資格はすでに認められている。これは外国人にとって、生活の保障の方が重要だったからであり、また参政権に代表される政治的権利は、国民固有の権利と結びついているため、その限りで国民と区別される存在だからである。しかし、外国人の権利を大きく三つのジャンルにくくり、その内実を問う見方は応用性に富んでいる。

市民権をめぐる土壌の差

日本には、西欧流の自律的な近代「市民」は明確な形で確立されなかったため、その市民の担う権利・義務関係にかかわる市民権概念もあいまいで使用に耐えないとの見方がある。筆者も基本的にそう思う。

そもそも植民地とのあいだで国籍を付与する際、定住に関し政治的条件は考慮しつつも、二〇世紀後半まで出生地主義を基礎にした国籍法の国イギリスと、戦後一貫して血統主義による日本とでは、市民権に関しても国民の理解がかなり異なる。加えて、話し合いのなかで当事者として隣国の独立を認めた国と、敗戦によって無条件に降伏する形で隣国の独立を迫られた国とで、かつての植民地住民の扱いに大きな差が生じたのも当然である。

イギリスでは、センサスの外国人に出生地主義を採用した時期がある。このような時期には、イギリス生まれの連邦国出身者には無条件で市民権が付与されたし、一九六〇年代以降、血統主義的要素が加味されても、本人がイギリス生まれか祖父母や父母のどちらかがイギリス人であれば、かれらにも市民権が与えられた。二〇〇五年一一月から市民権を取得するには、英語とイギリスの生活に関するテストにパスしなければならなくなり（〇七年四月には永住者にも拡大）、一段と厳しくなったが、以前は旧植民地住民はいろいろ保護されていた。まして地理的にもつながりの強いアイルランド人は、独立後、正確には「女王陛下の臣下」ではなくなったものの市民権としての権利は何も失わなかった。

対する朝鮮人の場合は、戦後直ちに行われた選挙から投票権が剝奪され、選挙資格を欠く限りで「外国人」とされたが、他方子どもの教育などでは、日本の法のもとで日本語による教育が義務化されたままの「国民」扱いの時期もあり、アメリカや日本の政治的思惑に翻弄される形で独立への前哨戦が始まっている。アイルランドとイギリスは、独立後も行き来は自由だったが、朝鮮半島と日本では、引き揚げすら期限決めであり、期限後の自由な渡航も一時禁止された。家族で離れ離れとなり、再結合するにも「密航」しなければならなかったのである。

独立後もイギリスで引き続き生活するアイルランド人は、アイルランド国籍のまま独立前の市民権を完全に行使できたが、日本の朝鮮人は独立後はほとんど「外国人」さながらにみなされ、以前のような権利を行使しようとするなら、身ぐるみ帰化する以外に方法はなくなった。同じ宗主国といっても日・英の隣国民に対する扱いは両極を代表する例であり、少なくとも日本には、旧植民地住民に対する市民権という考えが、実態として観念しにくい状況にある。

しかし、本書のようにイギリスでおかれているオールドカマーと日本のそれとを比較するとき、市民権を参政権のみに解消するのも短絡的だし、さりとてあまりに細部の権利・義務関係を論じてもきりがない。もう少し、個別具体的な比較の分類枠組みが必要である。本書では、比較の「中範囲理論」として、市民的、政治的、社会的権利の三つの分類枠を活用したい。

イギリスや日本は、旧植民地の永住外国人にどのような権利を認めているのだろうか。

イギリスとアイルランド

はじめにイギリスから概観しておこう。これまでもみてきたように、アイルランド共和国（国名はあくまでもアイルランド）が自治領になったのは一九二二年である。しかし、イギリスへの入国も居住も従来通り自由とされ、イギリス市民同様に投票することができた。戦後のイギリスの国籍法は、一九四八年に定められたが、この法律でもアイルランド人は英国臣民とされ、イギリスにいるエール（Éire）の市民は、イギリス人とまったく同じように扱われた。選挙権はもとより二年以上の居住者は、望むなら軍務につくこともできた（Hickman *et al.*, 1997, p. 7）。

しかし四九年に独立すると形式的には英国臣民ではなくなるが、それでもアイルランド人の待遇は何も変わらなかった。もちろんイギリスは、連邦離脱に対する制裁を考えた。貿易や入国制限に関する報復処置である。しかし、同じ自治領のニュージーランド、オーストラリア、カナダから反対され、行わなかったのである。そこでアトリー首相（Attlee, C. R. 1883-1967）は、北アイルランドは北アイルランド議会（立法府）の承認なくしてはイギリスから切り離せないことを決めた（ibid., p. 10）。現在、北アイルランドのカトリック系「アイルランド人」が増えつつも自治議会の同意なしに独立できないのは、これゆえである。

また、一九六二年の「連邦国移民法」のときは、アイルランド人を含む入国制限が考えられた。しかし、北アイルランドの存在が、アイルランド人を対象にすることを断念させた。北アイルランドはイギリスの一部であり、そこにはブリティッシュばかりでなく、アイリッシュも住んでいる。しかも、北アイルランドとアイルランドとは陸続きである。北アイルランドがイギリスの一部でありながら、アイルランド人を締め出すことなど不可能だったのである。むしろ現実には、移民制限が厳しくなるとアジア系やカリブ系の代わりにアイルランド人が徴用された。ただし、一九六二年には、アイルランド人には結核が多いので入国制限すべしとの議論も起きた（ibid., p. 10）。

たしかにアイルランド人は、四九年の独立の時点で正確にはイギリスの臣民でなくなった。しかしイギリスに居住し、生活する権利、労働する権利、政治に参加する権利等すべてイギリス臣民としての権利がそのまま認められている。ハンマーは、イギリスにおけるアイルランド人は臣民と外国人の中間的存在であるが、実際は「国民」とみなされる存在だと述べている。イギリスでは、一般の臣民は一九六八年以前までは、自由にイギリスに入国し、住民として登録すれば選挙権、被選挙権を含むあらゆる国民としての権利を行使することができた（Hammer, 1990, 三八頁）。

イギリスは、二重国籍に関しては積極的な容認国ではないが、それにもかかわらず二重国籍者が多いのは、アイルランド人が二重国籍として扱われるためである。そこでかれらの入国も出国も、ＥＣ加盟以前から日本とは比べものにならないくらい自由である。

たしかにアイルランド人は、早くに固有の言語を失った。これは単に植民地支配によるばかりでなく、貧困から脱するための民衆の知恵でもあったことは前にみた。固有の言語喪失が長いだけに——二世紀も前にさかのぼるだけに、イギリスの学校でかれらの母語をめぐる問題は起きない。外国勢力により植民地化されながらも、遠い時代はともかく最近に限ってみれば、言語問題の起きなかった珍しい国である。しかし、イギリスの学校で母語問題が起きたとしてもイギリスがそれなりに対応したであろうことは、ほかの連邦国出身者の言語、たとえばインド亜大陸からの生徒にヒンドゥー語、ベンガル語、ウルドゥー語の授業が公立校で認められていることを思ってもわかる。

「復活」したテロリズム防止法

ただイギリスには、アイルランド人だけではないとしつつも、以前は明らかにかれらを対象にしたテロリズム防止法（Prevention of Terrorism Act　ＰＴＡと略）があった。この法律は、一九七四年一一月にバーミンガムで爆弾がしかけられ、二一人の死者がでたことに始まる。そこでアイルランドとグレート・ブリテン島を行き来する人の監視のために導入された。そのため北アイルランドの頻発するテロ活動との関連で、アイルランド人が不当に市民的自由を侵害されるケースがおきた。アイルランド人というだけで、イギリス国内で監視の対象となり、かれらの社会生活に多大なプレッシャーが加えられたのである。

たとえばこの法律がもとで、一九八四年から九二年までのあいだに一〇〇〇人以上のアイルランド人が、港や飛行場で検査のために足止めされている。しかもこの数字は、一時間以上拘束された人で、一時間以内も含めれば相当な数になる。イギリスに入国するとき、アイルランド人であるゆえに、行き先や入国目的、滞在場所、滞在期間を聞かれたりすることは、かれらの心をそれだけでも萎縮させる（Hickman *et al.*, 1997, p. 126）。

これは、アイルランド人というだけで犯罪予備軍に見立てるようなもので、制度的差別に相当する。イギリスで生活していても、アイルランド人のアクセントを聞いたら注意し、テロ組織と関係しているかもしれない先入観を植えつけるもので、この法律は大きな問題を提起した。アイルランド人も同じ英語の話者だけに、アイルランド訛りの英語にイギリス市民も随分神経をとがらせていたのである。

その後この法律は、EUとの関係においても廃止されることになったが、急を告げたのは、アメリカでおきた二〇〇一年九・一一の同時多発テロである。多様なイスラーム系住民が中東や一部のイスラーム諸国を除いてどこよりも多いイギリスは、急遽同年一二月に「反テロリズムと犯罪及び安全に関する法律（Anti-Terrorism, Crime and Security Act 2001）」を制定し、同法を「復活」させた。

さらに〇五年七月七日に、ロンドンでパキスタン系移民二世による地下鉄爆破事件が起きテロ活動が現実的なものとなると、「テロリズム防止法（Prevention of Terrorism Act 2005）」にとって代わられた。ただし同法は、特に裁判なしに拘留を認める三条が、公平な裁判を保障した欧州人権条約六条に抵触するのと、急ぎ制定された一年の時限立法であったこともあり、〇六年の「テロリズム法（Terrorism Act 2006）」へと受け継がれることになる。もともと非英国市民で嫌疑ある者への無制限の

「拘留」や「追放」をめぐっては、〇一年法の段階でも議論のあったものである。

これら一連のテロ禁止法により、警察が怪しいと睨んだ人物の取り調べや拘束が可能となり、近年はアイルランド人に代わりイスラーム系の人物が狙われている。少し前まで防止の困難だった北アイルランドのＩＲＡ（アイルランド共和軍）を中心とするテロ活動は、世界貿易センターへの衝撃的な事件以降、終息に向かっている。

ＩＲＡにすれば、自分たちの活動は、ＥＵという新しいヨーロッパ合衆国づくりが行われている今でも植民地状態に置かれている北アイルランドの存在を世界に知らしめ、アイルランド民族の南北統一をめざす正当な運動に思われても、結果として世界貿易センターと同じ無辜な民を犠牲にする無差別テロにみられては、世界の理解は得られないと考えたのだろう。

アメリカでおきた「新しい文明（キリスト教とイスラーム）の衝突」が、「意図せざる結果」としてヨーロッパの一角に「古い文明（プロテスタントとカトリック）の和解」をもたらしたのである。イギリスにとって北アイルランドのテロが収束しつつあるのと引き換えに、今度はマイノリティ二世やイスラームのテロと向き合うのは、皮肉というよりほかはない。

〇六年の「教育査察法（Education and Inspections Act 2006）」では、イングランドのすべての公立校でコミュニティ内での結合・包摂（Community Cohesion）を促進するための教育が導入されている。コミュニティ結合とは、〇一年に起きたイギリスの北部暴動（イングランド北部のオールダム（Oldham）、バーンリー（Burnley）、ブラッドフォード（Bradford）の諸都市で同年五月から七月にかけて白人と移民の間で連続して起きた騒動）の原因追求に関するリポート、カントル・リポート（報告書をまとめた責任者、Ted Cantleにちなんでこう呼ばれる）が言及してから多く論じられるようになったもので、イギリスの地域社会が言語や民族、宗教、文化ごとに分断されており、日常的に交流なく、隔絶されている点に暴動の原因を求めたものである。その隔絶は、子どもの教育や遊び、利用する施設に至るまで細部にわたる。そこでコミュニティ内での各成員の共通の価値に基づく結合・包摂を、地域社会の安定のために重視した。

学校教育の場面から、地域社会を構成する多人種、多文化、多宗教のそれぞれのものごとに関する考えや諸価値を理解し、寛容となり、共同の成員との自覚が求められている。EUが東欧圏にも拡大し、いっそうエスニシティも文化も多様化するなかで、地域内部でのエスニックな差異を超えた結合が子どもの頃からの最重要課題とされている。暴力的な急進主義の阻止（Preventing Violent Extremism）とコミュニティ結合・包摂が、子どもも大人も、地域社会も全国的な政治も含めイギリス社会最大の課題になっている。

日本でも在日韓国・朝鮮人に対する指紋押捺がようやく廃止されたと思ったら、テロ対策を理由に一般の外国人に、より強固な電子による指紋採取が行われるようになったが、イギリスも似ている。国というものは、洋の東西を問わず、国民や外国人の管理に心血を注ぐものらしい。

在日韓国・朝鮮人の権利状況

では、日本はどうなのだろう。これも歴史的な経過からみておきたいが、この分野の研究には深い蓄積があるのでここでは必要なことのみに限定しておく。

朝鮮半島併合の初期は、普通選挙は実施されておらず、一定の納税者のみが投票できる制限選挙制であったため、大多数の日本人同様に植民地出身の人にも選挙権は付与されなかった。日本の旧植民地出身の人々に選挙権が与えられたのは、一九二五年に男子に普通選挙権が認められ、二八年の実施からである。これは百数十年前に、アイルランドがイギリスに併合されたのを契機にアイルランド人にも選挙権が与えられたのに符合する。

そのため戦前は、朴春琴（1891-1973）のような朝鮮人の衆議院議員がいた。戦後は、この時代の植民地是認の思想や行動がもとで、かれは朝鮮人から国賊扱いを受けることになるが、敗戦後は衆議院選挙法が改正され、樺太アイヌをのぞく戸籍法対象外の「旧植民地出身者の選挙権、被選挙権は当分の間これを停止する」とされ、停止されたままこんにちの参政権問題を迎えている。

その後、終戦から二年たった一九四七年五月二日、新憲法公布直前の外国人登録令により内務大臣の定める台湾人の一部と朝鮮人は、外国人登録の対象となった。台湾人の一部が別扱いになったのは、朝鮮人を外国人とみることにはＧＨＱとの間にも合意が得られたが、台湾人に関してはＧＨＱに日本国民とみる意向が強く、中国代表部（大沼、一九九三、四四頁）発行の登録証保持者と区別する必要があったためと思われる。

こんにちまで尾を引く在日朝鮮人問題は、このときに始まる。四七年といえば、韓国も北朝鮮も国家としては成立していない時期である。にもかかわらず在日朝鮮人は、外国人として登録対象者にされ、外国人登録原票の国籍欄に「朝鮮」と記載されたのである。このときから、朝鮮の名称は国名と別に、戦前からの居住歴を示す象徴ともなる。在日韓国・朝鮮人のなかに、現在でもこのときの朝鮮という名にこだわる人がいるとすれば、それは登録名で日本やアメリカに翻弄された歴史の痕跡をとどめておきたい気持ちもはたらいている。

一九一〇年に併合されることによっていわば強制的に「帝国臣民」とされたかれらは、三五年以上も「日本人化」されたあとで、今度は一方的に「外国人」扱いになったのである。しかし日本が、完全な主権を取り戻す独立国家になるのは、一九五一年九月八日調印、翌五二年四月二八日発効の「サンフランシスコ平和条約」によってであるから、外国人登録令には違憲性がつきまとう。完全な独立国家として、主権を行使したわけではないからである。むしろその意味では、こんにちの在日韓国・朝鮮人の国籍剥奪に大きな根拠を与えているのは、一九五二年の外国人登録法の方であろう。しかし平和条約二条の「日本国は、朝鮮の独立を承認して、済州島、巨文島及び鬱陵島を含む朝鮮に対するすべての権利、権原及び請求権を放棄する」を、在日朝鮮人の国籍剥奪に結びつけるのも無理とされる（大沼・徐編、二〇〇五、一八八頁）。

多くの研究が指摘しているように、在日朝鮮人は戦後の日本にとって「厄介な」存在だった。経済的に貧しくいつなんどき暴徒と化すかもしれなかったこと、貧しさから社会主義に共鳴し、ときの左翼勢力——たとえば共産党とつながっていたこと（呉、二〇〇九、八四頁）、加えて生活保護受給者が多く戦後の復興にとって財政的にも重荷になっていたこと、などからである。ところが政府にとって都合の悪いことに、独立前のかれらは国際法上は「日本人」だった。一九三六年開催のベルリン・オリンピックでも朝鮮人は、「日本人」として参加し、孫基禎（1912-2002）のようなマラソンの覇者も日本の勝利とされた（ウェールズ／キム、二〇〇七、三九頁）。そこで日本の独立前に突如として持ち出されたのが、かれらを日本人と区別するために外国人登録令の対象にすることだったのである。

在日の恣意的分離

いずれにしても戦前は、内鮮一体のもと、皇民化政策により「皇国臣民のちかい」まで求められ、骨がらみの日本人化が要求されながら、戦後は突如、日本国籍が剝奪されたのである。戦後ＧＨＱから現憲法の草案が示されたとき、日本側があげてその草案にあった「凡ての自然人」という表現や「国籍によらずに差別されない」という字句にこだわったのは（古関、二〇〇九、一九六頁）、国籍法公布のタイミングを狙っていた政府にとり、ときの外国人の大半を占めていた「朝鮮人」を憲法の保護から何としてもはずしておきたかったからであろう。

その後、一九四八年八月一五日にアメリカのうしろだてにより大韓民国が成立すると（朝鮮民主主義人民共和国の誕生は、同年九月九日）、五〇年二月に日本政府は、ＧＨＱの覚書を踏まえこれまで外国人登録に朝鮮と記載されていたのを韓国名に変えることを了承している。この時点で日本の主権はまだ確立していなかったが、同時に韓国籍というのも以前はなく朝鮮という名しかなかったことを思うと、これは明らかに四八年以降の政治的産物である。

その後、六五年に韓国との国交正常化に伴い「日韓法的地位協定」が締結されると、翌六六年には、韓国国民として外国人登録した在日韓国人にのみ「協定永住」という在留資格が与えられた。以前は、朝鮮半島出身者は在日朝鮮人として等しく日本国籍を剝奪された存在であったが、この協定を境に韓国籍と朝鮮で、永住資格に関し異なる扱いになった。日本と韓国の間のこれまでの「特別な関係」を考慮し、今後の「友好関係の増進」を目的にしているとはいえ、本国の三八度線による分離が、在日韓国・朝鮮人にも持ち込まれたのである。このような在日韓国・朝鮮人の扱いの相違は、九一年の出入国管理特例法の制定によって特別永住者としてやっと統一される。

しかし特別永住者になっても日本と国交のない「朝鮮」を変えない者には、海外に出るときさまざまな障壁が待ち受けている。「朝鮮」といってもその多くは韓国に故郷があるので、以前はそのような人には、渡韓一度目は韓国が臨時パスポートを支給し、それ以降、特に三度目くらいになると韓国籍の取得が勧められた（李、一九九七、八五頁）。現在もこの制度は残っているといわれるが、許可のいかんに関してはまったく藪のなかである。申請が通るか否かは韓国政府の判断によるので、日本にある韓国大使館に問い合わせても、その判断基準はわからない。

朝鮮半島は一つであるとして信念を通そうとする者には、祖国は依然として遠い存在である。北朝鮮に行くにも、総連と関係の深い者ならいざ知らず、そうでもない限りは、いろいろな調べに耐えなければならない。これは、在日韓国・朝鮮人の多くが三世、四世、五世の時代を迎え、たとえ特別永住者の子孫であってもいまだに特殊な状況に置かれていることに関係している。かれらにとって戦争は、まだ終わっていないのである。

ちなみに**表5**には、在日韓国・朝鮮人の子どもの教育関係の動きも重ねて載せておいた。現在日本では、外国人の子どもの教育は義務化されていない。しかし、この表をみると、朝鮮人の子どもの教育が義務化された時期がある。その後は二転・三転しながら現在にいたっているが、これほどの母語話者がいたにもかかわらず、就学を義務化しなかったのは、子どもの教育が、民族学校を媒介に民主化なり社会主義的な運動と結びつくことを恐れていたからではなかろうか。

表は、在日朝鮮人の選挙資格や身分も含め、当時、いかに政府の対応も混乱していたかを示している。朝鮮人の運動は、戦後、社会の民主化に大きな影響を与えていたが、子どもの民族教育も同様で、教育が治安の問題としてみられていたのである。韓国が、アメリカによる軍事独裁政権であったことも、民主化に敏感な在日朝鮮人には社会主義に共鳴する下地になっていた。表にみられる日本政府の在日朝鮮人の子どもの教育をめぐる転変ぶりは、その背後のアメリカの思惑も絡んで、民族教育が政治的次元なり、治安の問題でもあったことのあらわれと思えてならない。

しかものちにみるように、日系南米人の就学児童生徒がこれほどいるにもかかわらず、依然として外国人の就学が義務化されていない現実を思うと、国連の「社会権規約委員会」から、多くの母語話者がいるにもかかわらず、公教育の領域でマイノリティの言語が教授されていないのはなぜか等の指

表 5　在日をめぐる戦後数年間の政治状況と子どもの教育の変化

1945年 8月15日	終戦，10月23日衆院選挙制度改正要綱閣議決定「内地在住の朝鮮人・台湾人も選挙権・被選挙権を有するものなること」．12月衆議院議員選挙法改正，在日朝鮮人の選挙権及び被選挙権停止．
1946年 4月10日	戦後初の総選挙，在日朝鮮人参政権喪失．初等並びに中等教育機関の設立，1946年10月までに525校の初等学院，4校の中学校，10校の青年学校の設置．
11月 5日	朝鮮人の地位及び取り扱いに関する総指令部渉外局発表「正当に設立された朝鮮政府が，彼らに対して朝鮮国民として承認するまで，その日本国籍を保持すると見なされる」．
1947年 3月 1日	在日朝鮮人連盟，3・1記念式典で「在留朝鮮同胞に選挙権及び被選挙権付与の要求」決議．5月2日外国人登録令（11条で「台湾人のうち内務大臣の定める者及び朝鮮人は，この勅令の適用については，当分の間，これを外国人とみなす」）．
5月 3日	日本国憲法施行．
1948年 1月24日	「朝鮮人設立学校の取扱いについて」文部省学校教育局長通達．
8月15日	大韓民国成立．
9月 9日	朝鮮民主主義人民共和国成立．
1949年 4月28日	最高裁判所事務総長より参議院法制局宛回答「終戦時から引き続き日本に在住する朝鮮人は従前通り日本国籍を有するものとして取り扱うほかはない」．
10月19日	朝鮮学校閉鎖令でる．
1950年 2月	GHQにより外国人登録の国籍欄に朝鮮名から韓国名への変更承認の覚書．
4月15日	公職選挙法交付，附則で「戸籍法の適用を受けないものの選挙権及び被選挙権は，当分の内，これを停止する」．
1951年 9月 8日	サンフランシスコ平和条約調印．
1952年 4月19日	法務省民事局長通達による日本国籍の剝奪「（平和）条約発効の日から……朝鮮人および台湾人は，内地に在住している者を含めすべて日本国籍を喪失する」．
4月28日	サンフランシスコ平和条約発効．
4月28日	外国人登録法．
1953年 2月11日	文部科学省初等中等教育局通達「朝鮮人の義務教育諸学校への就学について」日本国籍でない者に義務教育を施す必要はなく，たとえ「外国人を好意的に公立の義務教育学校に入学させ」ても「義務教育無償の原則は適用されない」．
1965年 6月22日	日韓法的地位協定調印．翌年1月17日発効．
1966年 1月17日	韓国籍取得者にのみ協定永住資格付与．

出典：朴尚得『在日朝鮮人の民族教育』，ほかにインターネット「年表・定住外国人の地方参政権問題に関する経緯」を参考に筆者が作成．

摘も含め、このときの判断は今なお尾を引く問題である。

　では市民的権利はどうか。イギリスでは、在英アイルランド人にフル・メンバーシップ（完全な市民権）を保障していたが、在日韓国・朝鮮人の人々は、マーシャルのシティズンシップの段階的容認論からすれば、何が認められ、どのような統合段階にあるのだろうか。

市民的権利

市民的権利とは、前述したように思想・信条・表現の自由や財産権、さらにマーシャルによれば裁判権のようなものも含まれる。伝統的な日本の法体系では、基本的人権の自由権との関連で、精神的自由、経済的自由、人身の自由とも関係する問題である。裁判権はやや文脈が異なるので、ここでは思想・心情・表現の自由と、のちの財産権との関連で経済領域における自由、すなわち職業選択の自由なり労働の権利についてみる。

　はじめに市民的権利というよりは、自己の存在証明や人格の固有の権利との関連で基本的人権にかかわることだが、本名で生活する自由をみてみよう。名前は、思想・心情と並んで自己自身のアイデンティティの中核にかかわるだけに、自分を民族固有の言語や名前で表現できるか否かの問題は重要である。日本では、人格権としても議論されるが、民族的なアイデンティティとの関連では、市民権の問題でもある。これに関しては、いろいろ調査もなされているが、近年のものに二〇〇七年の京都市役所の調査がある（京都市外国人教育プロジェクト）。

表6　日本国籍取得者の名前の表示

	小学生	中学生
韓国・朝鮮につながるもの	448（100.0%）	119（100.0%）
日本名使用者	411（91.7%）	117（98.3%）
母語読みの民族名の者	2　（0.4%）	1　（0.8%）
日本語読みの民族名の者	35　（7.8%）	1　（0.8%）

出典：インターネットと市への確認により筆者が作成.

それによると、京都市立小・中・総合支援学校（小学部、中学部）に在籍する日本国籍をもつ韓国・朝鮮につながる小学生は四四八名で、うち日本名を使用している者、四一一名、九一・七%、民族名を使用し、かつ母語読みを通している者二名、〇・四%、民族名を使用しながら日本語読みの者三五名、七・八%である。一方中学生になると全生徒一一九名中、民族名を使用し母語読みの者一名、〇・八%、日本語読みの者も一名、〇・八%で、ほかの一一七名、九八・三%までが日本名使用者である（**表6**参照）。

外国人が年々増大し、日本社会の多文化・多民族化が進行していても、現実にはこうした問題が残っている。京都市の調査は、従来の調査による、在日韓国・朝鮮人で本名を名のる者、約一割、その大半は日本国籍を取得していない人で、日本国籍を取得した人の本名使用率は一%にも満たない（『ＲＡＩＫ通信』七〇号、二〇頁）、というのに近い数字である。日本では依然として、朝鮮系日本人として自分の姓名で生きる自由が認められていない。

たしかに国際結婚が進行し、両親のどちらかが日本人であれば、日本名を採用することはよくある。母親が日本国籍であれば、母親の戸籍に入った子どもにとって、日本名に抵抗が少ないのも一理ある。一世や二世の頃と状況は変わり、本名宣言ひとつとっても個人により、世代により受け止め方は複雑である。

しかし、日本国籍をもつ子どもとはいえ、三桁に及ぶ総数のなかで本名を使用し、本名読みを貫いている者わずかに一―二名というのは、あまりに少ない。

そればかりではない。近年は京都市にもほかの都市同様に中国やフィリピンにつながる児童生徒が増えているが、多くが日本名を名のっている。たとえば調査の時点で中国籍や中国にルーツをもつ児童生徒は、小学校で一〇三人、中学校で六一人いたが、日本名ないしは日本読みにしていた小学生は八五人の八二・五％であり、中学生は五三人の八六・九％を占める。ニューカマーの中国系児童生徒にしてもこのような実態がある。そればかりか、フィリピンにルーツをもつ児童生徒の場合でもこの時点で一四四名中、日本名を使用していた者、小学校で八一・七％、中学校で九二・二％という状況である。

こうなると日本には、民族名で生活できない何かがあると思わざるをえない。通常、通称名の届け出には、三カ月以上の使用実績がないと受け付けないことになっている。しかし、子どもの場合は、かれらの人権に配慮して受け付けるという。小学校から中学校への切り替えのときなどは、こうした特例に相当するのかもしれない。特例などなくても、本名で生活できる自由はないものだろうか。

マイノリティ問題という名の日本人の問題

「市民的及び政治的権利に関する国際規約」（「国際人権規約」B規約）二七条は、「民族的、宗教的または言語的少数者の権利」を説いており、「種族的、宗教的又は言語的少数民族が存在する国において、当該少数民族に属する者は、その集団の他の構成員とともに自己の文化を共有し、自己の宗教を信仰しかつ実践し又は自己の言語を使用する権利を否定されない」とある。

また名前の問題は、子どもに限らないが、「子どもの権利条約」七条にも、編集者によって「氏名・国籍および養育に対する権利」と見出しをつけられた文があり、そこでは「1　児童は、出生の後直ちに登録される。児童は、出生のときから指名を有する権利及び国籍を取得する権利を有する……」とある。本名を名のる権利は、国籍取得に本来関係なく認められるべきものだが、国籍取得後にもなお本名を名のることによる不利益の存在は、国際規約の精神に照らしても日本社会の暗部を映し出している。

名前の使用は、本人の問題という人もいる。敗戦により当時の在日朝鮮人に帰国の道が開かれた。にもかかわらず帰国しなかったのは本人の意志であり、事実戦争が激しくなって強制連行された大半の人は帰ったのだから、日本残留の道を選んだ人は、本人の意志であり、名前の選択もそうだというのである。しかし、日本にいた朝鮮人も創氏改名を行っていたから、その氏で仕事をしていた人にとって再度もとの名に戻すには本国の戸籍などが必要になり、それが煩瑣で困難なこともあった。

加えて在日朝鮮人は、日本の敗戦を「喜び」、植民地からの解放を願い「祝った」だけに、日本人との溝はその後も深いまま残り、いじめや差別、排除の原因ともなった。とても本名で生活できる状況ではなかったのである。また韓国などでは、日本の敗戦と同時に「朝鮮姓名復旧令」がでて、戦前の時代の日本名への強制的な変更は無効とされ、以前の姓の復興がなされたが、日本の居住者までは及ばなかった。現在、通称名使用者に戦前から日本に居住する人が多く含まれていることは、かれらにとって戦争はまだ終わっておらず、自分の属する民族的なアイデンティティも回復していないことを示している。以前行われていた帰化する際の日本名の勧めといい、植民地時代からの通称名の継続といい、依然として日本では、民族固有の姓を通しにくい状況がある。

このことは、日本の外国人政策が同化主義であり、多文化共生の基礎条件すら欠いているといえる。本名を名のりたくても名のれない人の大量の存在は、多文化共生どころか、名前は本人のアイデンティティの基本だけに、基本的人権なり外国人「市民」として生きる固有の権利が認められていないに等しい。

ソフトバンク社長の孫正義氏は在日三世であるが、高校時代に九州の名門進学校を中退しアメリカ行きを決意した。そのきっかけの一つが、友人と親しければ親しいほど通名を名のっている自分が、大切なところで友人を欺いているのではないかという自己嫌悪にあった。移民の国アメリカでは、すべての人がそれぞれの民族名で生活している。民族的な出自を明らかにすると排除され、やむをえず通称名にすると自己嫌悪感に襲われる、そうした日本に耐えきれなくなったのである。このような問題を今なお背負っている人は多い。人間が生きるうえで最も基本的な権利が、日本ではまだ難しいのである。

このような基本的権利が保障されていないところに、市民生活上の悲劇も繰り返される。よく指摘されることだが、通名で生活していた生徒がひょっとしたことから在日であることが知られ、みんなの前で「お前朝鮮人だろう」といわれてほとんど何もいえない状態に追い込まれることがある。現在は、海外につながる子どもが増えているので、「お前外国人だろう」といわれてみじめな状況に置かれている例は、いくらでもある。

本名で学校に入学させようとしたら、親族から「いじめて下さい」というようなものだと反対され、通名で生活していても、いつか知られるのではないかと疑心暗鬼になり、そのような演技に疲れて、本名に直す子どももいる。子どもながらに、同胞には本名を名のり日本社会では日本名で生きる「二重人格」に、欺瞞的なものをみているのである（清水睦美・「すたんどばいみー」編、二〇〇九、四九頁）。

しかし、こうでもしなければ生きていけないのが現実であり、現在のように海外につながる子どもが増えていても、その身を明らかにすることが日々の死活問題となると、これはマイノリティ問題というより、むしろ日本人の問題であり、現在も生き続けているということはもはや「国民性」の問題である。しかもオールドカマーのみならずニューカマーも民族名を名のりにくい、いや名のれない何かがあるということは、オールドカマー問題から日本人はなにも教訓を引き出さないままニューカマーを迎えているともいえる。

幕末の攘夷、新政府になっても宮城でイギリスの王子を迎える際、禊をしてから受け入れた「外国人」への「想い」は、日本人の体質に今なお綿々と受け継がれているということなのだろうか。

悩む教員

毎年卒業式シーズンになって現場の教員を困らせるものに、卒業証書を本名にするか通称名にするかという問題がある。たとえば高校を例にとると、卒業証書は各学校に保管が義務づけられている「表簿」と呼ばれる「卒業証書授与台帳」によって作成される。卒業証書授与台帳は、これまた各学校の児童・生徒の学籍や学業課程並びに結果に関する記録の集約された「原簿」ともいえる「指導要録」によって作成される。

指導要録の作成は、学校教育法施行規則第二四条の三（旧一二条の三）、「指導要録」に定められており、学籍に関する記録は二〇年間、指導に関する記録は本人のプライバシーを考慮し五年間の保存がそれぞれ義務づけられている。また表簿や原簿は公文書であり、本名記入が定められている。

そのため、これまで通称名で学園生活を過ごしていたかれらも、卒業式のときや卒業証書の作成時には、いやが上にも民族出自を意識せざるをえなくなる。本名を知られたくないときは、事前に教員が本人と話し合うことになっているが、これまで通称名で生活してきたということは、本名が知られたくないからである。そうであれば、教室に持ち歩く出席簿も、公文書扱いにしないで通称名による届出制にすることはできないものか。

たしかに出席簿は、高校などでは出席日数等卒業要件に関する記録であるだけに重要なものであるが、多くの人目にふれるものでもある。しかし出席簿も表簿としての「公文書」とされ、公文書にはあくまでも本名を記入することになっている。公文書の本名記入は、東京都などは教員組合の要望でもあり、そのときの意図は、堂々と本名を名のっても差別されない社会が前提であったように思う。しかし現実には、民族差別には根強いものがあり、堂々と名のるには個人差がつきまとう。

各教育委員会は、出席簿に通称名を記入する場合には補助簿を持参し、それに記入するよう指導しているが、二重に出席簿を作っている学校はまず存在しないだろう。出席簿にも通称名の記入を認めればすむのだが、備考欄でしか認めないで本名記入を貫いているとすれば、公文書の範囲があまりに広く、かつ形式主義的に過ぎはしないか。

指導要録の作成は、校長の職務とされているが、具体的な作成の方式に関しては、都道府県の教育委員会が定めてよいことになっており、各教育委員会は学校教育法施行規則で決められた規則に基づき作成方式を指導している。東京都は、小、中、高の「学籍の記録」に関し「指導要録の様式及び取扱い」に定めており、氏名の欄には本名を記入し、読み方はできるだけ母語に近い発音をカタカナで記入するよう指導している。もし、児童・生徒の親が通称名の使用を要望したときは、「学籍の記録」の「備考」欄に記入することを定め、あくまでも氏名欄には本名記入を課している。

指導要録はともかく出席簿まで本名記載を貫き、教育の世界でそこまで日本人と外国人とを区別する必要はあるのだろうか。社会的に変更可能な国籍より、生物学的な血の出自を重視するともいえるこのやり方は、日常の教育指導には関係のないことである。しかも、朝鮮半島出身者どうしの結婚ならいざ知らず、近年は多くが日本人を含む国際結婚なので、当人の性別にもよるが、子どもは名前も含めてさらに多様なあり方になる。生物学的な区別もほとんど意味をなさなくなっている。

私の友人で本名で生活している人が、通称名で暮らしている叔父・叔母に贈り物をしたところ、自分が朝鮮人であることが配達人やひいては留守中に預かってくれる近所の人に知られるから送らないで欲しいといわれたという。せっかく隠しているのに、甥からの贈り物で民族の出自が知られてしまうというのである。ほかにも本名で送るのなら、送らないでくれといわれた人が少なからずいる。甥（親族）との交際を絶ってまで本名を隠さなければならないのは、いまだに差別があるからで、在日韓国・朝鮮人は、「市民」として本名で安心して生活する権利も奪われているのである。

また、帰化でもしない限り、外国人登録証明書を常時携帯しなければならないというのも、基本的な社会生活の権利すら認められていないに等しい（一六四ページも参照）。かれらのなかには、依然として帰化に心理的抵抗感をもつ者が少なくない。というのも「帰化」には、「王」を崇拝し、臣下となり敬服するという意味が含まれるからである。こうなると天皇の名において侵略され、肉親や知人、同胞を失った者には耐えがたいことになる。

では、自由権のなかでも内面の自由と並んで重要な経済的な自由、すなわち職業選択の自由はどうであろう。

問題残す公務就任権

在日韓国・朝鮮人が、日本に定住して一〇〇年の歴史をもつのに、容易に消えない格差の一つに公務員の就任に関する問題がある。二〇〇五年一月、東京都の管理職採用に関し外国人であることを理由に受験資格を拒否された在日韓国人について、最高裁の初の判決が下された。

外国人の国家公務員の就任に関しては、朝鮮戦争休戦直後の一九五三年三月、ときの内閣法制局第一部長高辻正巳により、「公務員に関する当然の法理として、公権力の行使または国家意思の形成への参画に携わるものについては、日本国籍を有すべき」だが、「それ以外の公務員となるためには必ずしも日本国籍を必要としない」（一九五三年三月二五日、内閣総理大臣官房総務課長の質問に関する法制局第一部長高辻正巳の回答）との判断がすでに示されている。これは、国家公務員を念頭に置いたものだが、その後、旧自治省（現総務省）は、一九七三年に行政実例のなかで「国家意思の形成」を「公の意思形成」と拡大し、地方公務員についても「一般的に受験資格を認めることは適当ではない」として外国人排除の根拠にしてきた。

しかし、これらの外国人排除の根拠は、「国家意思の形成への参画」といい、「公の意思形成」といい、行政サイドの解釈であり、法令として定められているものではない。法律にではなく、こうした行政上の解釈に依拠して外国人を排除すること自体、法治主義に反するとの批判もあって注目されたが――外国人の管理職への昇進を認めない現状は、職業選択の自由に抵触する（近藤、二〇〇二、三一頁）――判決は基本的には、従来の行政上の解釈を出るものではなかった。

すなわち最高裁の判決は、地方公務員でも重要な政策決定にかかわる幹部職員を「公権力行使等地方公務員」とし、「国民主権の立場に基づき」「国及び普通地方公共団体による統治の在り方については日本国の統治者としての国民が最終的な責任を負うべき」で、「外国人の就任は想定されていない」

から、管理職の受験機会が奪われてもそれだけで違憲とはいえないとしたのである。これは、半世紀前の「当然の法理」という表現はしないものの、原理的にはその延長上にある考えである。

この判決に関しては、すでに多くの専門家の意見が出されているので（『ジュリスト』一二八八号）、ここではこれまでの本書の文脈で、以下の二つの問題を指摘しておきたい。一つは、最高裁の判決は、地域社会の構成員となっている外国人に地方公務員になる権利があるか否かの直接的な判断を避けている。こんにちのように永住外国人の権利としてのデニズンシップ（denizen, denizenship）が問題にされている時代には、外国人の公務員への就任が想定されていたか否かではなく、権利の有る無しを正面からついて欲しかった。

現憲法が、外国人の就任を想定していないというのは、ある意味で当然で（だからアメリカ側の当初の案に抵抗した）、同じ条件下にあった以前の外国人の地方参政権の判決に比べても後退の感が否めない。外国人の地方参政権に関する判決のときも、そうした事態は想定外にもかかわらず、参政権を認めても「違憲にはならない」と断じ、その行使いかんは立法府の問題として政府なり自治体の判断にゆだねている。一部にこれは、判決の「傍論」として言及されたもので法的拘束力はなく、判例にもなりえないことを主張する向きもあるが、最高裁の判断はそれなりに重い。今回の判断は、外国人の公務員就任権いかんの是非を回避した判断といわれてもやむをえまい。

しかも直接的な判断を避けるために持ち出された原理が、「国民主権」論というのも、時代錯誤を感じさせる。「国民主権」論の観念は、何よりも「専制君主」論への対概念であって、このような具体的な問題が争点になっているときに近代国民国家の原理が持ち出されると、はぐらかされた印象を禁じえない。

二つは、外国人といっても特別永住外国人の地方公務員幹部採用に関する配慮が、まったくなされていないことである。外国人一般でロジックを立て、これらの判断は特別永住者も例外ではないとしている。外国人を区別しないのが最高裁の立場なのかもしれないが、イギリスのような旧植民地住民に地方のみならず国家公務員すら認めている国でも、たとえば参政権などを、すべての外国人に認めているわけではない。過去の植民地との関係で、地方レベルは、EU市民をのぞけばアイルランド人と連邦国出身者に限定されているし、国政レベルではEU市民すらのぞかれている。外国人を区別することには問題も多いが、今回のように原告が特別永住者として訴えている場合、当然そのことも踏まえた判断を示すべきではないだろうか。

これまでの外国人の地方公務員採用は、「当然の法理」や「公の意思形成」という行政上の判断によって制限が加えられてきたため、その解釈は地方自治体で異なり、雇用実態にも差があった。今回の判断は最高裁のものだけに、これまで門戸を開かなかった自治体に免罪符を与えると同時に、開いてきた自治体にはよりブレーキをかけるようになるだろう。

実際、これまで公務員の現業職につく外国人はいても、一般事務職の採用を見送っている自治体は、今から一〇年以上前の調査になるが、東京都を含め「全国都道府県七三一自治体の五六％」にも及ぶ。その後、平成の大合併により自治体数は減少しても、外国人雇用の実態はあまり変わっていないと思われる。また一切の外国人の採用を認めていない地方自治体も二〇％あり、採用されている外国人職員にしても確認できるもので七七二人と全職員数の〇・〇四八％である。これはその時点（一九九六年末）での登録外国人の占める割合一・一二％に比しても驚くほど少ない（『ＲＡＩＫ通信』七一号、一八頁、調査結果は、インターネットでも確認できる）。

教育界への影響

この最高裁の判断は、教員採用にも影響を及ぼすだろう。現在、大学教員に関しては、世界的な先端知識の推進上、外国人であっても教授はもとより学部長などの管理職へも任用の道が保証されている。経済のグローバル化によりいっそうの競争激化の時代を生き抜くうえで、これは重要なことである。しかし、小・中・高校の外国人の教員採用には、いまだに厳しい制約がある。

公立の小・中・高校の教員採用は、教諭としての採用と、東京都にはないが任用期限のない常勤講師としての採用の二つがある。これまでも公立の教員採用においては、教諭が校長や教頭になれば「公権力の行使」にかかわる地位につくので、「国籍による合理的な差異」を考慮すべしとされ、外国人の採用は例外的であった。外国人は教諭としてではなく、常勤講師として採用され、外国人が教諭として採用されるのは、例外に属する。

そのうえこれまでも、「当然の法理」や「学校教育法施行規則」第四四条三（旧二二条三の②）及びその準用規定「教務主任及び学年主任は、指導教諭又は教諭をもって、これに充てる」により、校長、ではないか。

教頭、指導主事、主任への道は絶たれている。最高裁の判決は、こうした傾向にも弾みをつけるのではないか。

外国人に管理職の受験資格がないとは、たとえば東京都の「教育管理職選考」のどこにも書いていない。教員の採用に際しては細かな規程があるが、採用後の外国人に関する規程はない。その後二〇〇八年六月に、大分県の教員採用人事をめぐる不正が発覚し、各教育委員会とも管理職の選考や教員採用のあり方を明朗にするための検討会がもたれ、東京都でももたれたが、外国人のことには別にふれられていない。教員も採用されれば管理職になり、「公権力行使等地方公務員」になる可能性もある。今回の最高裁の判断を基準に受験資格にブレーキがかかる恐れもある。

以前、福井県武生《たけふ》市が、九九年六月二九日に公務職員採用の国籍条項の完全撤廃に踏み切っている。市組合は、これに先立ち「職員採用要件見直し研究会」で議論し、一、当然の法理は抽象的で具体性に欠けること、二、公権力をもつ主体は行政庁であり、一般の地方公務員は、知事や市長村長などの地方公共団体の長を補佐するに過ぎないこと、三、それだけに一般の地方公務員への外国人の採用は何ら問題となりえないことを明らかにしているが（同七〇号、一三頁）、〇五年の最高裁の判断は、武生市の論理構成とも衝突する可能性がある。あるいは、このような裁量も地方自治体まかせということだろうか。

この最高裁判決との関連は明確でないが、神戸市では在日三世の特別永住者で、過去四回副主任に任命された教員が、副主任は主任の代行をするときがあることを理由に新任校長の赴任を機会にはずされている（二〇〇八年）。外国人が教員に採用されるようになったのは、一九九二年に教員採用の国籍条項が撤廃されたことによる。それ以来二〇年近く経過し、このとき採用された外国人教員がまさに経験を積んで主任になる時期を迎えている。しかし現実には、まだこうした基本的なことも未解決のままである。

イギリスの反人種差別教育運動は、マイノリティを単に職員として採用するだけではなく、教育界の重要なポスト（管理職）に採用することを要求している。単なる平の職員では、学校にインパクトを与えることはできないからである。こうした世界の動向と比較しても、今回の最高裁の判決は多くの問題を残している。これまで、在日外国人にモデルマイノリティの少ないことを指摘する向きもあるが、このように管理職が制限されている状況では、この種の議論もフェアではない。多文化、国際化とはいわれるけれど、オールドカマーの扱いひとつみてもこのような状況にある。

その後最高裁は、〇九年一一月の最高裁自身の司法修習生の採用選考要項から国籍条項を撤廃することにした。これまでの外国人がらみの一連の判決との関連ははっきりしないが、裁判官や検事には、公権力行使（公務員）との関係で日本国籍が必要であるが、弁護士には国籍が問われない。これまでのままでは、まだ進路の決まっていない修習生段階でも国籍が必要ととられかねないという批判にこたえるためである。これまでもみたように、公権力が曖昧な形で生きていることは問題だが、司法修習生選考要項からはっきりと国籍条項が削除された意味は大きい。

というのも同じ次元で問題にすれば、教員採用試験には国籍のことは言及されていない。手元にある東京都教育委員会発行の二〇一〇年版の教員採用案内をみても、受験資格に関するQ＆Aには載っていない。しかし、「生き生きと活躍する先生たち」の欄で日本人名の先生たちの活動だけが紹介されているのをみると、外国籍の者には教員への道が断たれているととられる可能性がある。とすればむしろ外国人が増えている現在、外国籍の人にも教諭（講師）になれますと明記するのも一案である。最高裁の修習生への配慮と比較しても、教育界での外国人採用の不透明性が目立つ。

〇八年六月文部科学省は、外国人児童生徒が一貫して増えている状況のなかで「外国人児童生徒教育の充実方策について」という報告書を各教育委員会に送付し、紹介した。報告書のなかには、いくつかある重要な方策のなかで外国人児童生徒の問題を一―二人の担当教員に丸投げせず校務分掌のなかにはっきり位置づけ、学校全体の問題としてとらえていくこと、なかでも学校運営においては、校長や教頭等の管理職の役割が重要なので、地域の教育委員会においては、そのような人事異動に配慮することなどが指摘されている。

そうなると外国人児童生徒からみれば、校務分掌のなかで外国人の主任や管理職の役割はモデルマイノリティとしても重要である。公務員に関する国籍条項の壁は、日本が多文化共生を目指すうえで解決の急がれる課題である。

厳しい帰化要件

居住の自由もまた、自由権の、すなわち市民的要素の重要な一つであり、それには再入国並びに国籍離脱の自由も含まれる。日本に住む外国人にとって国籍離脱とは、帰化でもある。

しかし帰化もまた、在日韓国・朝鮮人にとっては悩ましい問題の一つである。前述したように帰化という言葉の語源には、帰服して王家なり天皇の臣下となるという意味が含まれるが、それだけに日本語の会話力や交通事故も含む犯罪歴のないことが、朝廷の傘下に属する者の品位として問われる。

外国人のなかには、たとえば、外国籍のままでは融資を受けるうえで不利なため、そうしたハンディをなくすために帰化する人もいるが、このような帰化は「方便的帰化」「手段的帰化」といわれ、日本の帰化理由にはなじまないものとされる。それゆえ審査官の最も重要な仕事は、「手段的帰化」を見抜くことである。

帰化の条件に日本語力が前提になるのも、「王化」に親しむには、日本語力が重要な要素となるからであり、一定の滞在期間が課されるのもそのこととかかわっている。以前は突然、面接官が訪問し、朝鮮人参やキムチを愛用していたことが知れてダメになったというのも、骨がらみの日本人化が求められていたからであろう。さすがに現在は、帰化申請者も年間一万五〇〇〇件を超え、在日コリアンだけでも毎年八〇〇〇人前後の申請があり、法務局側にも戸別訪問までするゆとりはないとみえ、あまり聞かなくなった。

もともと帰化とは、英語でいえば Naturalization という生物学上の用語と共通する。生物学では、「帰化植物（naturalised plants）」などのように外の地から移植したものを違和感なくその地の環境や自然に「溶け込ませる」ことを意味する（ドイツ語では Einbürgerung であり、同じ城壁内に住まわせ

「市民」化すること、政治化することである）。一方国籍とは、英語の Nationality であり、国籍を取得するとは national 化すること、「国民化 (nationalization)」することである（ドイツ語では、Staatsangehörigkeit、すなわち「国家に帰属」すること、諸侯内の「臣民」を国家の成員と化することである）。

　この点日本では、国民化なり国籍取得は、もっぱら帰化することと同義に使用されており、帰化の条件が他国より厳しいのも、外国人を「日本人のように」すること、すなわち日本人に「自然」に「馴化」「同化」することと結びついている。それだけに日本の帰化要件は、他国に比べて厳しいばかりか、不明瞭なものも多い。

　たとえば、帰化申請ができるのは、二〇歳以上で五年以上日本に滞在していることが条件である。留学や海外旅行の際は、再入国許可を得れば、滞在にカウントされるが、最初から帰化を決めている人には短い期間ではない。永住者の申請条件が一〇年に対し、帰化が五年というのには逆をつかれる思いもするが、日本人になることを決意した人は五年で、外国人のまま日本に留まる人には、その倍を課すと考えれば、いかに外国人のままであり続けることが日本では難しいか、でもある。

　しかも在日韓国・朝鮮人の帰化は、権利として認められている「権利帰化」ではなく、法務大臣の自由な裁量のもとにある「裁量帰化」である。客観的な条件が明示され、それを充たせば誰もが帰化できるようなものではない。帰化の認可は、客観的な基準に加えて総合評価によるとされ、素行を含む人物評価が重視される。

帰化基準に不透明な部分を残し、日本社会に協力的でなければあたかも拒否されるかのやり方は、外国人（在日韓国・朝鮮人）を不安な心理に導くものである。戦後間もない時期は、多くの社会不安のなかで在日に共産主義の影響を受けた者が多かった。そこで当時は、かれらの国籍取得を阻止するうえで国家裁量制にしていた方が、「反体制分子」の選別に好都合だった。現在でも、帰化申請が拒否されても不服申請は認められていないが、これなど従前の帰化行政が生きている例である。

こうした現在の帰化行政に嫌気を感じ、そのまま外国人でいると、たとえ特別永住者であっても七年ごとに「定期確認登録」を行わなければならず、この「確認登録」は、一六歳になったその日から三〇日以内に居住する市区町村で行わなければならない。また外国人登録証明書の常時携帯義務も課せられていた。日本に生まれ日本に育ちながらも、ほかの一時滞在の外国人とまったく変わらない登録証の携帯が義務化されていたのである。あたかも、こうしたわずらわしい義務から解放されたければ、帰化しろといわんばかりにである。

特別永住者が携帯義務から解放されることになったのは、二〇〇九年の出入国管理・難民認定法の改正により、三カ月以上滞在のすべての外国人に国の一元的な管理のため在留カードが発行され、特別永住者には特別永住者証明書が発行されるようになってからである。当初の案では、特別永住者にも今度は永住者証明書を常時携帯させる方向で進められていたが、最終的にはこれまでの両国の歴史的ないきさつを考慮して修正された。

オールドカマー問題からはそれるが、外国人登録証明書提示の要求は、九・一一以降頻度が増している。ただしアジア系外国人の目からすると、白人が警察の前を通過しても外国人登録証明書の提示を求めないのに、皮膚の色の濃いアジア系には求めるという。しかも男ならネクタイを締めて正装していると、提示要求の頻度は下がるが、ラフな姿のときは、しばしば提示が求められるという。アジア系からは、外国人が平等に扱われているのではなく、かなり外観で判断されていると映じている。日本には、二種類の外国人がいるといわれる所以である。

帰化を逡巡させる本国の族譜

ところで帰化は、よしんばしやすくなっても在日韓国・朝鮮人には抵抗感も強い。これは、よくいわれる自分たちを虐げた国家の軍門に屈する屈辱からばかりではなく、自分たちの民族的かつ文化的伝統ゆえからもである。

朝鮮半島は、親族のまとまりが日本とは比べものにならないくらい強い。若者でも五世代、一〇世代先の系図までいえるとはしばしばいわれることである。

韓国で公務員の仕事についている友人は、自分の代で七六代という由緒ある族譜であるからか、一〇代くらいまでなら即座にいえるという。また、これも韓国で経験したことだが、族譜の話になり、そんな系譜をいえる人は、現在はほとんどいないと友人の妻が述べたところ、夫が反論し、かなりの男子韓国人は五代くらいなら簡単にさかのぼれるといって、自分でその名を出して妻を驚かせた。族譜は、現在の韓国人にとっても重要性を失っていない。

族譜は、一〇年くらいの間隔で随時書き足され、冠婚葬祭があればなおのこと新しく記帳されていく。これには当然、在日の人々も納められている。親族訪問がたやすくなったこんにち、父母の故郷でこうした面々と続く系譜に、感激する在日も少なくない。族譜によって民族の出自を再確認し、この伝統（血）を絶やすまいと決意を新たにするのである。在日韓国・朝鮮人の帰化を阻止しているものは、日本側の帰化制度だけではなく、祖国の族譜という過去につながる独自の文化、血の観念にもよる。

姜尚中の自伝『母――オモニ』でも、当時日本で心の晴れる日のなかった本人が、叔父の案内で母親の郷里を訪問し、多くの親族と触れ合うなかでこれまでの心のわだかまりが消えていく様子が、興味深く描かれている。当地で一緒にとった親族を含む関係者たちとの一枚の記念写真には、四〇人を超える者がおさまっていたという（姜、二〇一〇、二二五頁）。永野鉄男こと姜尚中が、なにごともありのままの自分でいいのだと思い現在の名前に変えるのは、この韓国帰国後、間もなくのことである。

もちろん両親の祖国を訪問し、その言葉や身体にしみ込んだ文化からあらためて自分はもう「朝鮮人」にはなれないと考え、「日本人」として生きる覚悟を決めて帰国する者もいるが、祖国の親族と触れ合うなかでこれまでになかった何ものかを確認し、新しいアイデンティティを再構築する人も多い。これまでの「心のかさぶたが剝がれ」（同書）るような経験をした姜の場合は、後者の例なのだろう。

なお参政権との関係で、帰化行政を届出制にあらためることがよく話題となる。これまでみてきたようなわずらわしい手続きを省略して、届出制にするというのである。しかしこれは、外国人のまま選挙権を与えることは何としてでも阻止し、手続きの複雑な帰化制度を簡素化し、帰化させてから選挙権を付与しようというのであるから、問題の本質、すなわち外国人のままの参政権行使は認めないという点では何も変わらない。帰化と選挙権とは、もともと次元の異なるものであり、セットで妥協を図るようなものではない。

参政権をめぐっては相互主義を説く議員も多い。在日に参政権を認めるのなら、韓国にいる日系韓国人にも参政権を与えよというのである。ところが韓国では、二〇〇六年五月三一日の統一地方選挙から外国人にも選挙権が与えられた。その時点で外国人登録者五三万人強中、永住権取得者ですでに三年以上生活している日本人も含めた外国人、総数七〇〇〇人弱の人に選挙権が与えられたのである（『ＲＡＩＫ通信』九八号、八頁）。

日本に先行して選挙権が与えられたことに関して、これは日本への牽制であり、それが証拠に選挙権以外の医療保険等の社会権に関しては外国人の権利が守られていないことを指摘する向きもある。しかしこの点では日本も同じである。日系人の多くは、派遣業者による間接雇用のため社会保険への加入が進んでいない。厚生労働省も外国人労働者は、企業を通して国民保険ではなく社会保険に入ることを原則とするというだけで、保険未加入派遣業者を取り締まることもしていない。参政権で先行された韓国を日本への牽制と論難できる状況ではない。

デニズンの権利を認めない「先進国」

世界のデニズンシップの比較研究をして、この領域に新たな風を吹き込んだトーマス・ハンマーは、長期滞在者の二世、三世には無条件で権利としての国籍を付与すべきであるとしている。またフランスでは、長期滞在者が無権利状態に置かれる不合理性を避けるため、両親のいずれか一方がフランス生まれの子どもがフランスで出生した場合、その子には自動的にフランス国籍を与えている。いわゆる「二世代出生地主義」と呼ばれるものである。また親が外国生まれであっても、二世が成人に達する前の五年間、フランスに住んでいれば、一八歳の成人の時点でフランス国籍を取得できる。近年は、どの先進国も「国民」になるために試験を課したり、結婚等による機械的な市民権の付与方式を見直すなどの変化はあるが、海外には永住市民の権利をこのような形で擁護してきた歴史がある。

国連の「規約人権委員会」は、すでに一九九三年の第三回政府報告書の審議で、日本に対し「永住外国人であっても、証明書を常時携帯しなければならず、また刑罰の適用対象とされ、同様のことが日本国籍を有する者には適用されないことは、自由権規約に反する」と指摘している（佐藤、四一頁）。これがはずされたのは、今もみたほかの外国人とは区別される形での〇九年の在留カード導入によってである。

居住権や文化権はどうか。外国人が多くの住宅から締め出されていることは、メディアでも報道されている通りである。外国人の居住地による隔離化が比較的少ない日本で、都内の板橋区、新宿区、豊島区などにアジア系外国人が多く居住しているのは、これらの地域には木造の老朽化した貸家があり、あまり借り手がいないからである。日本では、外国人が部屋を借りるのは、依然として困難であり、外国人の多い新宿百人町の不動産屋をのぞいても、四―五年前までは、堂々と外国人お断りのステッカーが貼ってあった。

二〇一〇年四月にのぞいてみると、さすがに外国人お断りのステッカーは除去されていたが、多くの賃貸アパートや賃貸コーポに、「外国人相談」とあり、なかには「日本人限る」「日本人女性限る」「日本国籍限る」(いずれもママ)とある。思わず計算してみたら、二三の物件中「外国人相談」一八、「日本人限る」二、「日本人女性限る」一、「日本国籍限る」一で、結局「外国人」に関する条件のない物件は一つだけでそれには「福祉相談」とあった。

外国人は、日本人とは区別され、お金はあってもそのままでは入居できず、面談によるということは、外国人というだけで疑われていることがわかる。かつこれらの表示をみていると、この国には人種差別を禁じる法律はもとより、性差別を禁じる法律も存在していないことがわかる。

また外国人の公共住宅へのアクセスを困難にしているのは、連帯保証人制度である。日本でも外国人居住者の多いある市を例にとると、県営と市営の二つの住宅があるが、市営は二人の連帯保証人を必要としている。そのうち一人は、身内、すなわち近親者でなければならない。外国人の場合、たとえ日系人といえども二人の連帯保証人をみつけるのは難しく、安定した住居の確保を困難なものにしている。県営と市営で、ともに公営なのにどちらかに外国人がより集中しているとすれば、こうした差が関係していることもある。外国人にとって連帯保証人制度は、住居のみならずほかの契約の面でも厳しいハードルになっている。

住居とは異なるがお店や銭湯の利用を禁じたところもある。外国人が銭湯の利用を断られたのは小樽市で、三人の外国人が入浴しようとして拒否されたのである。そのうち一人は、日本国籍取得者であった。これを「人種差別撤廃条約」に違反するとして訴えた裁判に対し、札幌地裁は、「会社の行為は社会的に許容される限度を超えている」として三人に三〇〇万円の支払いを命じたが、市の責任については、外国人の入浴拒否をやめさせる努力をしていたとして問わなかった。

この事件で根が深いと思われるのは、日本人の客のなかに外国人との入浴を嫌う者が多く、日本人客を失いたくないがための処置だったことである。紋別市などでは、繁華街の飲食店が、集団で外国人お断りの看板を出したこともある。これも日本人客のなかに、外国人と同室したがらない客が多かったことが原因である。

一九二八年から三九年までイギリス外交官夫人として日本に滞在したキャサリン・サンソム（Sansom, K. 1883-1981）は、「日本人は乗り物でも外国人の隣に座りません、何をされるか不安だからです」（サンソム、一九九六、一一三頁）と述べていたが、日本人にとって外国人は何をしでかすかわからない「不安な存在」であり、異質なものを敬して遠ざけるこの気持ちは、今なお変わっていない。

市民的権利のなかで最も重要かつ基本的な自由権にして、外国人にはこのような制約がある。口を開けば国際化というけれど、国際化とはなにを意味しているのだろう。日本とつながりの深い、隣の、しかも植民地がらみで日本に来ざるをえなくなった人々の生活にしても、まだこれだけの問題がある。

これに結婚や就職差別もあるということは、市民的権利以前の問題がまだあまりに多いことを示している。

政治的権利

アイルランドは一九八四年に改正したアイルランド憲法一六条、及び翌年の改正選挙法によりアイルランドに住むイギリス人にも国政選挙権を認めた（Hammer, 1990, 一六一、一九一頁）。イギリスも選挙権などのシティズンシップは、アイルランド人のみならず英連邦国市民に広く認めていた。特に一九六〇年代まではそうだった。こんにち新連邦国の人々は、比較的早く入国した人々かその子孫だから、多くがシティズンシップをもっている。

ただし、選挙権をもっていることとそれを行使するかは別である。イギリスでは、選挙権はその行使にあたって事前登録しなければならず、以前の調査によると投票行動まで行う人は意外に少なかった。しかし近年は、移民労働者の定住化が進行し、多くのマイノリティが登録し投票している。

たとえば二〇一〇年五月の総選挙は、ハングパーリアメント（一九七四年以来三六年ぶりの宙づり状態の議会）と呼ばれる過半数を占めた政党がなく、最大議席を獲得した保守党が三位の自由民主党と連立して政権を担当することになったが、事前から騒がれたのは、マイノリティ票の動向であった。特にバーミンガムのホール・グリーン（Hall Green）、ポプラー（Poplar）、レディウード（Ladywood）などは、ムスリムだけで有権者の四〇％から六五％を占めており、保守党は独自の全有権者の言語識別ソフトを開発し、どの地域ではどの言語で有権者に語りかければよいかを調べ上げたといわれる(BBC News, How Conservatives' software targets Asian voters, 22, March, 2010)。これなど、選挙動向をマイノリティが大きく左右することのあらわれである。

こうした世界を取り巻く情勢のなかで、ようやく外国人に対しても選挙権を付与する議論が日本でも行われるようになった。ただし外国人といっても日本では、永住外国人だけである。

以前提出された自民・公明案は、同一市町村に三カ月以上住み、二〇歳以上の永住外国人に選挙権のみを(被選挙権は不可)与えようとするものである。日本で外国人の参政権が政党を巻き込んで議論されるようになったのは、既述の通り一九九五年二月に最高裁が「永住外国人に参政権を与えることを憲法は禁じていない。それは立法府の裁量に属する問題」だとしてからである。

しかし、この種の参政権付与には、同じ朝鮮半島出身者でも韓国籍を取得していない人をはずす意図がある(「永住外国人に対する地方公共団体の議会の議員及び長の選挙権の付与に関する法律案」)。それは、同案第二条で永住外国人を定義し、それを受けた附則の第三条で、これらの「選挙権を日本国民に付与している国として政令で定める国の国籍を有する者に限る」としているからである。

別言すれば、永住者のなかでも「当分のあいだ、外国人登録原票の記載が国名によりされている者」ということであり、韓国籍を取得していない者が排除されている。日本は、北朝鮮とは国交がないばかりか、北朝鮮というのは国名ではなく地域名であるというのが政府の公式見解である。これは、在日韓国・朝鮮人の人々に参政権で格差を作り出すものであり、永住外国人と地方自治のあり方を示

表7　永住外国人の内訳と過去5年間の変化

年	2005	2006	2007	2008	2009
外国人総数	2,011,555	2,084,919	2,152,973	2,217,426	2,186,121
永住者	801,713	837,521	869,986	912,361	943,037
一般永住者	349,804	394,477	439,757	492,056	533,472
特別永住者	451,909	443,044	430,229	420,305	409,565
非永住者	1,209,842	1,247,398	1,282,987	1,305,065	1,243,084

出典：『在留外国人統計』入管協会（2010年版）より作成．

した一九九五年の最高裁の判断にも背くものである。

これがいかに政治的意図を含んでいるかは、台湾人も日本の外国人登録では中国籍であり、以前の南北ベトナムや東西ドイツもそれぞれベトナムなりドイツで区別はしなかったことを想起すればわかる。「朝鮮」だけを排除するのは、アメリカ、日本サイドで作った国家（韓国籍）を拒否した者の切り捨てととられてもやむをえまい。また、今回議論されているのは、外国人の選挙権であっても被選挙権ではなく、外国人といっても特別永住者ではなく永住者であることにも注意が必要である。

二〇〇九年一二月末時点で永住外国人は、九四万三〇三七人（九一万二三六一人、八六万九九八六人）であるが（カッコ内は〇八年末、〇七年末、以下同じ）、韓国・朝鮮を主とする特別永住者は四〇万九五六五人（四二万三〇五人、四三万二二九人）と永住者の四三・四％（四六・一％、四九・〇％）で半数を割っており、その比も年々低下している（入管協会『在留外国人統計』二〇一〇年版、**表7**参照）。選挙権を特別永住者に限定すれば、真に開かれた国際国家として外国人の選挙権を考えるというより、戦後保障の一環として、すなわち過去の「国民」に対する償いとしての性格の方が強くなる。

今回のことが、過去の「国民」に対する配慮からではないとしても、朝鮮籍を排除するのでは、総連が選挙権を拒否したとしてもかつての協定永住資格を設けた時代に逆戻りするも同然である。これにはむしろ、イギリスの選挙権行使の方法が参考になる。永住資格で朝鮮半島出身者の資格が、現在の南北とは関係なく日本が植民地化していた人々として統合されたのだから、選挙権は双方に等しく与え、その行使の時点で登録制にする方法である。

しかし日本政府の姿勢をみていると、朝鮮籍を排除する以前に、外国人のままでは、地方参政権そのものを付与しない姿勢が濃厚である。永住者の地方参政権問題が浮上すると、政府側から届け出のみで国籍取得ができる「特別永住者の国籍取得特例法案」がでてきた。永住者どころか特別永住者ですら、外国人のままでは参政権は認めたくないのである。

二分された運動

特別永住者の国籍取得に届け出制が提起されると、これまでの運動体もこの評価をめぐって分裂気味である。あるグループは、届け出制を当然の帰趨とみなしこの機会を逃さないように捉えている。それもそのはずで、帰化申請には、本国の戸籍を取り寄せるなど面倒な作業がつきまとう。母国に親類縁者がいても疎遠になっている者には、必要書類を取り寄せるだけでも大変な労力を要する。自分でしないで、専門家などに依頼するとこれまたお金もかかる。一家で申請するとなるとその金もばかにならない。このような苦労を知る者にとって、届け出制はまさに千載一遇のチャンスとなる。

ほかのグループは、この特典が外国人のままでは参政権を付与しない方便とされていることに抵抗を感じている。特別永住者のこれまでの置かれた立場は理解しても、これからの日本をより開かれた国にするには、ほかの永住者も含める形で地域の住民としての権利が保障されなければならない。特別永住者だけを対象に囲い込むのでは、かつての自分たちの位置にほかのマイノリティを押しやるだけで、新しい開かれた日本社会にはならない。

特に近年、外国人参政権反対論者が声高に主張するのは、中国人の増加を睨んでである。二〇〇七年末、従来、日本の外国人として象徴的な存在だった朝鮮半島出身者が、中国人に抜かれた。〇八年、〇九年末には、その差がさらに開いており、今後は特別永住者のなかに帰化する者も多いので、ニューカマー韓国人の来日を考慮しても双方の差はさらに開くだろう。永住者のなかで特別永住者を一般永住者が抜いたのも、近年のニューカマーのこうした地殻変動による。

そこでこのところの外国人参政権問題を複雑にしているのは、永住者のなかで中国人のニューカマー永住者が増えており、日本の政治を社会主義国の影響にさらしていいのかとの言説が吹き荒れていることである。これは、特別永住者問題を二〇世紀のうちに解決しなかったツケともいえるが、以前、在日韓国・朝鮮人が日本の外国人問題の最大の「標的」にされていたことを知る者にとって、手のひらを返したような中国人敵視は、日本人はただ外国人が嫌なだけで、それがアジア人に向けられているのは、欧米諸国へのコンプレックスの裏返しではないかとも思われる。

もし、今後ＩＴ技術者が必要でインド人の入国が続いたら、今度は中国人は儒教文化圏で共通する点が多いが、インド人はヒンドゥーなりイスラームなので、日本社会をまったく異質な文化にさらしていいのかとでもいうのだろうか。いずれにしろ、外国人のままでは認めないとして持ち出される帰化の届け出制案は、在日の運動団体にとっても重い選択となる。

不合理な実態

筆者の友人のAさんは、在日二世である。日本に生まれ、父母の故郷の朝鮮を逆に知らない。すでに日本に生まれて五〇年になるが、一度も国政並びに地方選挙に参加したことがない。日本で教育者として働き、生徒を指導する身であるが帰化していないため、外国人として選挙権がないのである。社会科の教員なので、生徒に対して選挙の仕組みや投票に関し説明したいこともおきるだろう。同僚教員と政治に関して語り合いたいときもあるに違いない。こうしたチャンスさえ、かれらにはないのである。

選挙したいなら帰化すればいいという意見がある。外国人も多様であり、帰化しない、できない理由もいろいろだが、ニューカマーなら帰化により祖国が外国となり、親がいても長期滞在ができなくなることがある。オールドカマーなら、帰化しても日本社会に存在する差別の構造は、変わらないことである。

前にもみたように、ニューカマーの子どもでも本名でなく日本名を名のる者が続出していることは、この国の差別が実に根深いものであることをさらけ出している。帰化しても生物学的な出自は変わらず、そこに差別の真の原因があるとすれば、帰化する方が祖国とのつながりも薄れ、みじめな気持になる。同じく差別されるなら、帰化しないでいた方が、まだ外国人のせいかと割り切れる分、ましである。

日本人ですら選挙によってこの国が変わると信じきれる者が少ない時代、どうして祖国の国籍まで捨てて政治に参加することができるだろう。それをいうのなら、ニューカマーの子どもが本名を使用しても何ら不都合の生じないような社会を作りだしたうえで、選挙参加の要件に国籍取得を要求してはどうだろう。日本には、たとえ帰化をしても本名では生活しづらい差別があり、それでいて選挙権のときにのみ国籍取得、すなわち帰化を要求するのでは、外国人には納得できないだろう。

しかも参政権が、帰化と引き換えというのも不思議である。お隣の中国が一人っ子政策を導入したのは、一九七九年である。生活の拠点を日本においている中国人には、老親を祖国に置いてきている者が多い。日本は、老親との家族結合を基本的に認めていない。となると永住権取得が、かれらにとってはギリギリの選択となる。

帰化は、既述のように五年滞在し生活基盤が安定しており、犯罪歴がなければ申請可能である。しかし五年たって帰化した者と、一〇年以上日本で生活していて右記のような事情で永住権を選択した者とでどこが違うのだろうか。日本での居住歴や長期滞在、さらに地域の生活者という点で帰化した者と違わないとすれば、帰化者にのみ選挙資格を与えるのは、むしろ永住者の選挙資格の切り捨てですらある。帰化した者が、日本社会に愛着を感じているなどとは単純にいえない。帰化が可能とすれば、前述したような制約がないか、子どもの教育や自分の仕事など、現実にはもっとプラグマティックな理由の方が多い。

永住者にまで選挙権を与えると、日本社会が乗っ取られるようにいう人がいるけれど、もしその意図があり、永住権で選挙権が得られないのであれば、永住資格より簡単な帰化によって選挙権を行使するだろう。そうなると今度は、帰化のハードルを高くしろとなるに違いない。こうなるとこれは、国籍があるかないかではなく、日本人の血をひく者以外には、政治に参加させるなという「平成の攘夷」に似たものが真実に近くなるのではないか。

特にその感を深くしたのは、参政権がマスコミをにぎわせると、雑誌も含めたメディアがにわかに特集や報道をしはじめたことである。なかには、人口の少ない村や町を取り上げ、そこに外国人が集団で移住したら、すぐに政治が乗っ取られ、一地方の問題では済まされないとセンセーショナルに報じた雑誌もあった。

しかし外国人も生活者である。日本人ですら生活できずに過疎化した村や町に、日本での成功を夢みる外国人が果たして住むだろうか。もしそうした地域に移住する外国人がいたら、むしろ村人はかえって喜ぶのではないか。「限界集落」などと呼ばれて、過疎村の崩壊がいわれているさなかに、農業や老人施設で働くために永住外国人が来たなら、これは朗報ではないか。将来の村の再生にはこうしたことも必要で、それを抜きにした単なる数字合わせのような議論は、ただ外国人恐怖を煽るだけで、建設的なものではない。

また中国人の選挙参加については、共産党政権下に組み込まれるかの批判まで出ているが、これも中国の選挙制度を無視した議論である。中国の選挙は、日本の普通選挙とは異なる。日本の国会に相当する全国人民代表大会、通称「全人代」は、年一回の開催で代表も一般国民によって選ばれるのではない。全国で郷、鎮、県、省等日本の都道府県や市町村等に相当する何層もの選挙に分かれており、それぞれの各大会の代表が選ぶ間接選挙である。

こうした選挙権をもつ人は、政治的、経済的組織の党員やエリートである。たしかに党員には、工場の労働者や農民、それに就職に有利なように学生なともおり、党員＝エリートという図式は崩れている。近年は党員も多様化しているので、そのような人の一部に日本に来る人もいると聞く。しかし、全人代の代表を選ぶ資格をもつような人は来ないだろうし、選挙すらしたことのない人も日本には多い。あたかも中国の選挙制度を日本の選挙制度と同じように描き出し、外国人にも選挙資格が与えられれば日本の地方参政権を利用し中国共産党を利する投票行動が行われるかに描くのは、かなり意図的な批判である。

再入国許可

再入国許可もイギリスとアイルランドで認められている基準からするとハードルが高い。かつて、特別永住外国人でありながら指紋押捺を拒否したため、再入国許可が得られないまま海外に留学し、永住資格を失った人がいる。この問題は、広く外国人にとって自分の国とは何かという文脈でも考えることができる。

一般に日本では、自分の国、すなわち「自国」を「国籍国」とみなしている。もし自由権規約第一二条4項にいう自国が、定住国であるならそう明記するはずで、あえてそう明記しなかったのは、自国＝国籍国との合意があったからだという立場である。しかしそうなると、在日のように長らく日本で生活しながらも、国籍を取得していない人が右記のような形で出国すると、これまで居住してきた国に帰国することができなくなる。

また、自国が国籍国だけであるなら、国によって国籍付与が出生地主義と血統主義とで異なる以上、国際人権法上問題であり、国によって自国に帰る権利の平等性も担保されないことになる。出生地主義の国に生まれた子どもは、両親の国籍に関係なく居住国の国籍を得ることができるが、血統主義の国に生まれた子どもは、居住国の国籍を取得できないからである。

世界的な国際条約の締結に関し、このような普遍性を欠く事態が発生することを十分察知していた国連の「規約人権委員会」は、「自国（his own country）」を緩やかに「国籍国（country of his nationality）」だけではなく「定住者（long-term residents）」や「永住者（permanent residents）」を含むかたちで柔軟に、より広く（broader）解釈している。国際情勢が不安定なこんにち、いつなんどき難民となるかもしれない状況では、やむなく国籍国を離れた人が、定住国に帰国するのは当然である。難民には、難民旅行証明書が付与され、定住国を離れる場合の身分を保障しているが、自国に戻れない人は難民だけではない。

たしかに以前の法改正で特別永住者は、四年間海外にいても再入国が可能となり、さらに特別な理由があるときは、海外での一年の延長が認められることもあるから、五年間再入国の権利を失わないことも可能である。二〇〇九年の改正では、特別永住者の再入国許可期限は従来の四年から今後は六年に延長された。

しかしこれは、年数のいかんより許可制であることが問題である。すでに「規約人権委員会」では、永住者の再入国許可制度は、たとえ外国人であろうとも永住者がこれまで生活してきた国に帰るのは当然なこととして、永住者の再入国許可申請は、制度そのものを廃止するよう勧告している。これまでの在日韓国・朝鮮人の日本社会における居住歴からすれば、生活の基盤は日本以外になく、旅先から日本に帰国するのは当たり前で、再入国は生活している住民の当然の権利である。

日本で生活している外国人は、出国するとこれまでの在留資格を喪失する制度のもとに置かれており、以前の在留資格を継続しようとするなら再入国許可を受けなければならないが、これが法務大臣の自由な裁量にゆだねられているということは、出国・入国の自由も著しく制限されていることになる。

では、社会権はどうか。

社会的権利

市民的権利のなかで最初に取り上げた自由権が、思想・信条の自由ということで、ときには国家権力からの自由、ないしは国家からの自由をも内容に含むとすれば、社会的権利の方は、近代人が好むと好まざるとにかかわりなく、国家という枠組みのなかでの生活を余儀なくされ、管理・組織化される以上、その見返りともいえる国家による保護に関するものである。となると第一に問題になるのは、人が国家のなかで人一般としての最低限度の生活にかかわる年金や医療、生活保護に関するものである。

国民年金でみると、はじまりは一九五九年四月の国民年金法による。その一条で憲法第二五条第二項に基づく理念を踏まえ「老齢、障害又は死亡によって国民生活の安定がそこなわれることを国民の共同連帯によって防止し、もつて健全な国民生活の維持及び向上に寄与することを目的とする」とされている。ここでは「国民生活」なり「国民の共同連帯」という表現が目を引く。当時は多くの在日韓国・朝鮮人が日本国籍を剝奪される形で生活しており、事実、かれらは当初年金の対象外であった。

是正されたのは、日本政府の方針からでもなければ、かれらの運動の結果でもなく——たしかに運動は粘り強くなされたが、直接には外圧によってである。しばしば指摘されるように、一九八〇年代初期に同じアジアに位置しながらベトナム難民に冷淡であった日本政府のやり方が、アメリカやヨーロッパから顰蹙《ひんしゆく》をかい、難民受け入れを迫られたのである。そのとき「難民条約」の批准も求められ、八一年一〇月に加盟することになり、同条約の内外人平等の原則により外国人の加入も可能になったのである。したがって日本政府が、同法の不備を認めて改正したのではなく、救済範囲を広げるだけの解釈変更であったため、同条文は、依然として前に引用した文のままである。

現代の国家には、国民のみが居住するのではなく、多くの外国人も生活しており、年金のような人としての生活の基本にかかわるものは国民のみならず外国人にも等しく適用可能にもかかわらず、日本には昔ながらの血縁的な同質性に対する執着が強くある。

とはいえ一九八二年に国民年金法や軍人恩給から国籍条項が撤廃され、外国人も加入できるようになったこと、生活保護法（一般外国人への適用には種々の制限あり）、公営住宅法、国民健康保険法（国民健康保険の適用は、協定永住資格以降である）にもこれらの制限がなくなりつつあるのは、外国人や在日韓国・朝鮮人の立場が少しずつ認められてきたことを物語る。

しかし、いまだに解決をみていないものに、社会権というよりは戦争保障の問題であるが、「戦傷病者戦没者遺族等援護法」（一九五二年四月三〇日）の適用に関する問題がある。同じ軍人や遺族であっても、恩給法に基づく本人への給付や遺族への給付は総務省が、援護法に基づく本人並びに遺族への給付は厚生労働省が担当しており、複雑であるが、日本人の傷痍軍人なら、一九五二年以降それなりの保障が受け取れるようになっている。ただし、戦争で失われた命や体の損傷は、金銭によって回復されるものではないから、金額の多寡についてはここでは論じない。

悲劇なのは、援護法等は日本国籍者に限られているので、日本人とまったく同じ悲惨な状況に置かれても、日本国籍を取得しない旧植民地の軍属者には一銭の援助もないことである。当初これは外国人だからというものだったが、日韓条約締結後は、個人の問題も国家間で解決済みとして帰化しても援護法の適用外とされている。その後、二〇〇〇年になって「平和条約国籍離脱者等である戦没者遺族等に対する弔慰金等の支給に関する法律」が施行され、戦争に駆り出されその後国籍を剝奪された者にもその遺族を含め支給されることになったが、実際に支給されるか否かはその障害にもより、かつ金額は日本人に比べてはるかに少額である。

筆者の少年時代、たまに都会に行くと傷痍軍人が不自由な体で街角に立っていた。私と同世代の者なら、同じ経験をしているはずだ。大きくなるにつれて、誰からともなくかれらには国から支援金が出ているのだから、「負い目」で寄付する必要はないとも聞いた。しかしその後エスニシティ問題に関心をもつにつれて、かれらは外国人（朝鮮人）だったのではないかとも思うようになった。同じことを、辛淑玉も指摘している（野中・辛、二〇〇九、一一八頁）。

繰り返すが、これは社会権の問題というより戦後補償に関する問題である。社会権ならむしろ、老齢年金や障害者年金の方が重要であろう。いまもみたように「難民条約」がらみで年金から国籍条項はなくなったが、このとき一九二六年以前生まれの者と、この時点で二〇歳以上の障害者は対象外とされたのでこれももらえない。最近になって、老齢年金に関してはようやく自治体が独自に給付金として支給することになったが、東京都をみても全区が支給しているわけではなく、二三区中半分であり、その金額も国の半分以下である。

戦後補償をどれだけ真摯にやるかは、その後の在日韓国・朝鮮人や外国人に社会生活上不可欠な保障をどれだけ実行しているかを探るうえで重要である。これらは、エスニック研究でいわれる一般論、近しいものほど対立も熾烈である、ということでは割り切れない問題であり、戦前、戦中、そして戦後の保障も含めたまさに両国の関係性と国の人権への配慮の問題である。

求められる外国人市民の視点

アイルランド人は、イギリスに居住するとイギリス「国民」としても扱われる。結果として二重国籍者になる（Hammer, 1990, 一四二頁）。そのためアイルランド人はイギリスで市民的、政治的、社会的に完全な市民権を享受できる。しかもアイルランドとイギリスの関係は、完全な相互互恵主義の関係にもある。かれらは、望むなら双方の国で自国の国籍を放棄せずに完全な市民としての権利を享受し、義務を遂行できる。

これまでも再三指摘したように、日本は、デニズンの権利を認めず、厳しい制約を課している。しかし近代国民国家の誕生地ヨーロッパでは、国民主権という考えに、広く住民が入っていた。

たとえば、国民主権という観念はフランスを嚆矢とするが、その起源は、一七八九年のフランス革命にさかのぼる。これは、フランス革命に参加した人民が、その後のフランス国家のあり方を決定できるとする見方である。フランス革命に参加した人々は、フランス人だけではなかった。イタリア人もプロイセン人もいた。たとえ言語が違っても、民族的な出自が異なっても新体制のあり方を決めるに際して「自由、平等、友愛」の共和国理念に共鳴し、革命に参加した人に等しく国民の地位を付与し、主権を認めたところに基本的な特徴がある。

つまり近代的な国民なり、国民主権の考え方には、血統や民族的な出自が異なっても、共通の国家理念に共鳴する者を積極的に「国民」と認め、そのかれらによって基本的な政治が動かされてきた歴史がある。さしずめ現在なら外国人市民としての視点であろう。日本が開かれた国になるには、不可欠の視点である。特に教育には欠かせない。

教育をめぐる問題

教育は社会権の重要な一部を構成する。教育が生存権や労働の権利と並んで社会権に属するのは、こんにちのように国家が高度に発展すると人間として豊かな生活を送れるようになるには、権利としての教育を享受できるか否かにおおいに依存するためである。そこで現憲法では、親に子どもを教育する義務を定めている。しかし外国人には適用外のため、いくつかの問題がでている。

民族学校に通っても、公的支援の援助が日本の学校の数分の一程度のものである。義務教育の無償制が適用されていない。「子どもの権利条約」二八条は、教育の義務化と無償化をうたい次のように求めている。「締約国は、教育について児童の権利を認めるものとし、この権利を漸進的にかつ機会の平等を基礎として達成するために、特に、(a)初等教育を義務的なものとし、すべての者に対して無償のものとする」とし、中等教育に対してもすべての児童が利用可能なように「無償教育の導入」や「財政的援助」を促している（中野・小笠編、一九九八、二九頁）。日本政府は、これらの国際的条約を結んでいながら、順守するための国内法の整備をほとんどしていない。

そのため民族学校で教える人も、低賃金で教えざるをえない。親元から通っている人でないと生活できないといわれるほどである。これは政府が、エスニック学校への援助をしていないからである。日本の教育行政は、学校を三つに区分している。一つは、学校教育法の一条に定めるいわゆる「一条校」、二つは、専修学校、三つは各種学校である。しかし政府が税制上の優遇措置をとるのは、一条校と専修学校だけであり、各種学校は対象外である（『ＲＡＩＫ通信』七一号、一三頁）。そのため、支援が期待される唯一の財源は地方自治体のものになるが、支給の名目・金額等実態はまちまちである。

しかもその支給額も通常学校に対象とされる補助金に比べれば、かなり小額のものでしかない。そこで学校を維持するには、実験道具の購入や施設の装備も父母の寄付金に負うことになるが、税制上の優遇処置も親の在留資格に外交や公用が条件とされるので、朝鮮学校は適用外となる。納税においては「国民」としての義務を課し、子どもの教育という社会保障を受給する権利面では「外国人」というのは、当人には割り切れまい。

一方、日本の学校への就学は、国内法上はあくまでも権利というより「恩恵」としての性格が強く、少なくとも義務はないとされる。多文化の初期には、どの国でも受け入れ国の教育へのアクセスは恩恵とみなされるが、日本では、在日韓国・朝鮮人児童・生徒が五世の時代になっても、かれらの教育は恩恵扱いである。民族学校は各種学校のため、許認可権は都道府県知事の所管であり、ここを卒業しても正規の学校とはみなされない。したがって、センター試験の受験資格が学校単位では与えられていない。センター試験を受けるには、初めに受験する大学に受験資格があるか否かを問い合わせ、当該大学の認定を受けた証明書を付して、センター試験に臨むことになる。また公立学校では、在日韓国・朝鮮人のような大きなマイノリティでも、母語を習う権利は認められていない。

朝鮮学校をはずす愚

こうしたさまざまな差別が是正されないうちに、また新しい差別が生まれている。民主党政権が目玉として取り組む二〇一〇年四月からの高校無償化に関し、それに先立つ二月、朝鮮学校を当面、対象外とすることが示されたのである。

その後、有識者会議の意見も踏まえ専修学校を目安に、個別に朝鮮学校も対象とすること、さらに就業年数や年間の授業時間数、校舎面積、生徒数に対する教員数等の基準も明示化され、これらの条件を全国の朝鮮高級学校一〇校が満たしているのは明らかなので、かなり長期にわたる宙づり状態にさらされてのことではあったが、ようやく決定されるかに思われた。

しかし、同年一一月二三日、黄海の南北軍事境界線（いわゆる国連が定めた「北方限界線」）内での韓国軍の軍事演習を挑発行為とみた北朝鮮からの砲撃により、延坪島《ヨンピョンド》で民間人を含む犠牲者が出るに及び、無償化の手続きも停止されるにいたった。関係者からすれば、今か、今かと待ち望んでいた矢先のことである。子どもの通う高級学校とは関係しないところで、またしても待ったをかけられた感じではあるが、そもそもなぜ、かくも長期を要することになったのか、確認しておく必要はあるだろう。

当初、対象からはずされた理由を筆者なりにまとめると、三つくらいある。一つは、朝鮮学校が民族学校であり、ときに反日的な教育を行っているとするもの。二つは、今なお教室に金日成(1912–94)、金正日(1941–)の肖像画を飾り崇拝していること。三つは、北朝鮮の日本側の窓口ともいえる総連と深いつながりがあること、などである。

初めに確認しておきたいのは、これらのいずれの遠因も日本、ないしはアメリカの東アジア政策に発するもので、本来は子どもの教育と関係させるべきものではない。子どもたちの国籍をみても、朝鮮籍や韓国籍に加えて日本国籍の者もいる。ここにいう朝鮮籍の子も、北朝鮮とは関係がない。前にもみたように外国人登録の国籍欄に朝鮮名を付与したのは、戦後の日本政府なのである。

朝鮮学校が朝鮮語を教える民族学校としてスタートしたというのは、終戦後直ちに帰国するにも子どもが言葉も話せないのでは(すでに日本生まれの子どもも多かった)、祖国に帰っても困るだけであり、子どもたちに少しでも母語を身につけさせたかったこと、また戦前は「日本人」の子どもとして扱われ、完全に母語、母文化は否定される形で育ったが、植民地からの解放によってやっと子どもたちに民族の言語や文化を教える機会ができたこと、加えて、当局の定めた期間内に帰国できなかった者や帰国を夢見ながらも間もなく生じた朝鮮動乱によって帰国を見合わせた者などにとっても、長期的な子どもの学びの場としての学校になっていったからである。

親とは、子どもに祖国の言語や文化を伝えたいと願うものである。また人間とは、誰しも固有のアイデンティティを追求するものである。アメリカ人の宣教師によってアメリカンスクールが作られ、たまたま話す言語が世界の言語ともいえる英語であったため、現在はインターナショナル・スクールとして活動している学校もあるように、朝鮮学校が日本にあるのも日本の植民地政策により多くの朝鮮半島出身者が滞在している歴史的経緯に基づいており、言語が、母語の朝鮮語で行われているのもこのためである。

反日的教育というのは、かなり前からいわれている。一九六六年一二月四日の参議院日韓特別委員会で、ときの佐藤栄作（1901-75）首相は「日本国内において反日教育をされては困る」と述べ、中村梅吉（1901-84）文部大臣も反日的教育をする者に遺憾の意を表している。しかし、反対議員から事実を挙げることを問われると、具体的な事実による裏づけはないことを認めている（朴、一九八〇、一八〇頁）。反日的教育云々は、四〇数年前にもさかのぼるものである。

このとき定義が曖昧なことも問題とされた。もし自分たちが朝鮮人でありながら日本にいるのを、植民地支配や強制連行に結びつけて教えるのをさすのなら、これは歴史科等において自分の先祖たちが日本にいる経緯を教えるのが主で、それは日本の教科書でも最近、扶桑社の教科書などが拉致問題を取り上げているのと同じである。反日的な教育などをすれば、日本生まれ、日本育ちの子どもが多い現在では、生徒が減るだけで、これが朝鮮学校のためにならないことは、学校関係者が一番心得ている。すでに日本弁護士会も助成金の資格をめぐって朝鮮学校を調査した結果、「反日教育といえる事実はない」としている（在日本朝鮮人教職員同盟ほか、一九九八、二三頁）。

最近は、朝鮮語で書かれている朝鮮高級学校の教科書『現代朝鮮歴史』を日本語に翻訳し、その内容から論議を深めようとする動きもみられる。高校無償化から朝鮮学校をはずす方向に傾斜した民主党も、実際の教育内容がわからないことを理由の一つに挙げていたから、教科の内容を知ることは重要である。しかしこれにはよほどきちんと対応しないと、教育を政争の具に巻き込む恐れもある。

実際に高級部のテキストで使用されている内容には、朝鮮動乱にしても、第二次世界大戦末期の朝鮮半島の解放にしても、一方的に韓国やアメリカの侵略を説いたり、ソ連軍による解放のみを異常に評価したり、かなり史実をねじ曲げたものが多い。韓国や日本の社会、経済の変化に関しては、「資本主義的消費文化の広がり」（『現代朝鮮歴史』3、一〇五頁）や「バブル景気」の崩壊（同、一〇八頁）にいたるまで載せても、自国の飢餓や脱北者の存在には一切言及していない。「拉致問題」を取り上げても、その存在を認めるものではなく、「反共和国的・反総連・反朝鮮人騒動を大々的に繰り広げる」（同、一二二頁）論証にするためにである。

時代を担う子どもの教育は、正確で公平なものの見方ができるようにすることが重要であり、その手引ともなる教科書の記述は正確なものでなければならない。いわゆるイデオロギー的な偏向教育は、排除されなければならない。同校使用のテキストで、この次元の問題は、ほかにも指摘することが可能だろう。文部科学省は、無償化の基準を明らかにした後でも、教科書の内容に関し懸念があれば自主改善も含め申し入れるとしていたので、それに従わない場合は、その段階でもぎくしゃくする可能性はあった。

教育の政治からの自由

しかしこのような教科書が使用されていることと、子どもの教育の無償化とは、直接には関係しない。教科書の記述に関しては、むしろ子どもの方が被害者ともいえるもので、出版元の問題である。またそれを改めなければ、無償化の対象にできないというのであれば、他の国際学校でも同様の内容のチェックが必要になる。

なるほどその他の国際学校には、しかるべき第三機関が制度も含め内容も審査しているというのであろうが、たとえば日本人の生徒が教わっている教科書にも、これに類することがないとは断言できない。政治の世界での悩みのタネから一例のみをあげる。

二〇一〇年は、沖縄の基地問題が政治的に大きな問題となった。と同時に沖縄返還に関し密約文書があったことも世間を揺るがせた。手元にある同年三月出版の高校日本史の記述には、次のようにある。

「佐藤内閣は、『(核兵器を)持たず、作らず、持ち込ませず』の非核三原則を明確にして外交交渉を進め、まず一九六八(昭和四三)年に小笠原諸島の返還を実現し、翌年の日米首脳会議(佐藤・ニクソン会談)は『核抜き』の沖縄返還で合意した」(石井ほか、二〇一〇、三六八頁)。

これだけを読めば、沖縄返還は憲法の精神に照らしても外交交渉の見本のような出来事になる。しかしこれが作り話であったことは、すでに〇九年八月の政権交代が話題となる少し前からメディアをにぎわせていた。特に非核の「持ち込ませず」をめぐっては、核搭載の寄港も含むのか、領海通過の際はどうか、難問があり、日米のあいだに「暗黙の合意」が存在していたのではないかとされる。新政権になって、清新さを売りにこれまでの長期政権のもとで隠蔽されてきた文書も白日の下にさらされる可能性のあるなかで、外務省が一足早く動き出し、外務省側から真相が語られ始めていた。しかしこうしたことは、ここの記述からはうかがえない。

とはいえここでいいたいのは、広狭二様の密約の性格（外務省に設けられた有識者委員会の用いた分類）や外務省が破棄した可能性のある関連文書等についての正確な記述のあり方に関してではない。むしろ逆のこと、教科書でこうした政治的問題を扱うことの是非も含め、さらにはどの国にも微妙な問題があり、日本といえども例外ではないこと、このような政治的問題を教育に絡めれば、教育は政争の具とされ子どもの不利益は容易に解決できなくなってしまうことの方である。

残念なことではあるが、イギリスも教科書ではアヘン戦争は積極的に教えようとはしないし、アメリカの生徒のなかにも、日本に原爆を投下した事実を知らない生徒もいる。まして今なお、冷戦のさなかにある朝鮮半島で、政治を子どもの教育の判断材料にしては、和解のきっかけにすべきことも、むしろ対立を先鋭化させるだけになるだろう。

日本は隣国を笑えるか

肖像画の問題も、東京都北区の中級部ではすでに除去され、高級部にのみ掲示されているという。私も朝鮮学校を訪問したことがあるが、このような区別には気がつかなかった。推測を交えて考えれば、中学段階では深い歴史の知識もないため、肖像画は崇拝の対象になってしまう。過去の自分の先祖の経緯に照らし、理解する力も乏しい。高級部なら、その辺についてもそれなりの理解や判断力・批判力もついているからではないだろうか（後日確認したら、大筋で大過なかった）。

肖像画の掲示には、すでにいろいろな報道でもその理由は明らかにされているが、もともとこの「個人崇拝」のきっかけも日本に無縁とはいえない。一九五〇年代、六〇年代、東アジアは冷戦のさなかにあり、アメリカを盟主とする資本主義陣営とソ連を覇者とする社会主義陣営は、一触即発の状況にあった。日本より小さな朝鮮半島で、三八度線を境に両陣営が対峙し、地理的に日本列島に睨みをきかすかのような両国（地域）に、日本は徹底した飴と鞭の政策をもって対峙した。

すなわち韓国は日本の同盟国とし、北朝鮮は国とは認めず、外交関係はおろか戦後処理の対象国ともみなさず、徹底的な孤立政策をとったのである。当時の韓国は、軍事独裁政権であり、日本に対しても戦前の朝鮮併合も含め厳しい関係が続き、新しい日韓関係が構築されたのも戦争終了二〇年後の一九六五年のことであった。この間日本社会も、アメリカの傀儡にして独裁下の韓国より北朝鮮に関心をもったときもあったくらいであり、北に渡った在日朝鮮人にもその影響があったのではないか。

ただし六五年の日韓関係以降は、補償問題も解決済みとして、アメリカの意向も踏まえ韓国との融和政策にひた走ることになる。反対に北朝鮮に対しては、一段と孤立化策を強め、もともと日本のなかでは朝鮮人民は一つだったのに、祖国の分断がかれらの世界にも及ぶことになった。戦後外国人登録令で日本国籍を剝奪され、等しく国名に朝鮮と記入されたかれらにも、どちらかの祖国の選択が迫られた。

当時の在日朝鮮人には、「朝鮮」名に誇りと愛着があり、南に作られた大韓民国が、アメリカによる軍事独裁政権であったことも、民主化を求めた在日には選択しづらい状況にあった。しかし、本文でもふれたように大韓民国成立後は、米日韓の思惑も絡んで、韓国籍を取得しないと、何かと不便な状況に追い込まれていった。

朝鮮人として民族の誇りと朝鮮半島全体（統一朝鮮）の独立を夢み、朝鮮名を残したまま日本で生活を続けた人々は、いっそう「北寄り」とされ、子どもの学校も含めて、ますます孤立的状況に置かれることになる。朝鮮学校の朝鮮籍者は、ここに起因する。そのとき、資金援助を継続したのが、北朝鮮であった。アメリカによる敵視政策のなかで国づくりもままならないさなか、日本社会で孤立化しつぶされそうな状況にあった在日朝鮮人学校への支援を続けたのである。大学まで独自の民族学校をつくったというのは、日本の他のエスニック集団にはない。

たとえは悪いが、現在の朝鮮学校と北朝鮮との関係は、引き裂かれた両親と子どもの関係に似ている。子どもにすれば、親には格別の感情が残る。たとえ現在は、どちらか一方の親についたとしても、親は特別なのである。現在、かれらの生活地がたとえ日本であっても、小さいとき（学校運営が困難なとき）支援してくれた「親」に対する感謝の念は断ち難い。一切の関係を断てといわれても、これが酷なことは、親子の関係を考えてもわかる。

日本でも学校という学校に天皇の肖像がかけられていたのは、それほど昔のことではない。戦後になって取り払われたのも（天皇の人間宣言も含め）、日本政府や日本人の意思というよりGHQの方針による。そのためみえる世界では天皇の肖像画（御真影）は取り払われたが、むしろみえないところでは、天皇制は今なお尾を引く問題である。これは、学校における儀式等のあり方をみればわかる。現職教員が、毎年入学式や卒業式という節目に、職務命令違反で処分されなければならないのは、どうしてなのだろう。とても日本社会が、肖像画問題をうんぬんできるとは思えない。

民主主義も途半ばの東アジア

新政権になって、前述したが核持ち込みの密約文書問題が発覚した。これが明らかになったのも、当事国日本によってではなくアメリカ経由というのも驚きだが、国にとって最も重要な外交文書がときの政府、官僚により意図的に破棄された可能性が高いのに、民主主義の危機とも、「その程度の民主主義」とも受け止められる向きはほとんどみられない。世論もメディアも、ほとんど反応がないのだ。肖像画問題で、民主主義未成熟国家北朝鮮というイメージ作りを行うのも、底が浅いのではないか。

一国のリーダーが三代にわたって親子関係というのは、たしかに民主主義の精神からいって異常である。民衆の悲惨な生活実態と重ね合わせると、封建制社会の再現をみる想いがする。しかし、日本の政治世界のなかでも、親と子か、孫で総理大臣というのはすでに四例を数えているし、世襲政治家となるとかなりの数になる。よその国民からみれば、北朝鮮にも日本にも、同じアジア人としての血の信仰に関する共通の何ものかがあり、一方的に北朝鮮のみを異常視できるものではない。批評する場合は、日本にも同じ根をみる開かれた視点があってもいいのではないか。

総連との関係も問題にしていたが、戦後最初に作られたのは在日本朝鮮人連盟であった。しかしこの組織にも祖国分断の悲劇が容赦なく押し寄せる。大韓民国成立後は、民団が韓国政府の支援を背景にしだいに力をもつようになる。北朝鮮が、冷戦のなかで国家としても認められないということは、外交関係を結ぶこともできず、大使館も置けないことを意味していた。

戦後、新しく作り出された韓国籍にためらいを感じ、朝鮮名をそのままにして海外に行くときは、日本政府が再入国許可証を交付するが、これはパスポートではないので出国はできても入国は、当事国の判断による。また北朝鮮に行くには、総連が唯一の窓口になる。その後アメリカや日本により、朝鮮半島の唯一合法的な政府は韓国とされたが、総連は、最初に日本政府により外国人登録証明書に付与された朝鮮名で生活を続ける人々の生活相談なり支援機構、並びに北朝鮮を訪問する際の唯一の窓口・組織となっていく。在日本朝鮮人総連合会という名前が、この間の事情を物語る。もしこれらが問題だというのなら、その責任の一斑は、日本やアメリカの東アジア政策にもある。

戦後処理と日本の独立は、「サンフランシスコ平和条約」によりアメリカと日本だけの二国間で行われ、連合国の一員である中国も、旧植民地の韓国、北朝鮮も抜きに進められた。このことが、戦争が終わって六五年もたつのに、朝鮮併合の一方の当事国北朝鮮とはなんら和解の話し合いも、いまだにもたれていない原因になっている。戦後、韓国と関係が修復したのも二〇年後の一九六五年であり、中国との国交樹立は、それよりさらに遅れること一九七二年である。

新政権は、このような在日の置かれている立場とは別に、新たに子どもの教育で差別を作りだしつつあるが、これは新たな禍根を残すことになろう。政治家は、仮にこのような在日が置かれてきた歴史的な状況を理解しても、日本国民の感情的な反応の方が怖いのであろう。北朝鮮による拉致は、たとえいかなる理由によるものであれ断固として認められるものではない。これ以上の犯罪はない。その家族の身になれば、ほとんど耐え難いことである。しかしこれは、日本にいる在日の子どもや教育とは、関係しないことである。

むしろ親や本人は、これまでも日本の学校に通わせたい、通いたいと思った人は少なくないし、以前はもっと多かった。しかし、いじめがひどくてとても通えないのだ。日本の学校で不登校気味となり、民族学校に変えたら見違えるように生き生きしだしたというのは、この手の資料に目を通せばそれこそいくらでも出てくる。民族学校を、かくも多く、長期に存続させた理由の一斑——もちろん存在すること自体問題なのではなく、社会が「多文化」化すればその存在意義も高まる——には、日本側の朝鮮人児童生徒の受け入れの問題もある。

あえてこの問題に言及したのは、今ニューカマーの子どもにもまったく同じことがいえるからである。日系南米人の学校が、就学期の子どもが増えるにつれて外国人集住地域を中心に急増していったが、日本の学校でのいじめがまかり通っている。日本の子どもには、過去においても現在も外国人、とりわけ途上国の子どもを差別して良心をとがめない何かがある。

本書脱稿後も、群馬県で小学六年生のいじめを苦にしてと思われる痛ましい自殺が起きた（二〇一〇年一〇月）。家族の話では、母親がフィリピン出身であり、母親の授業参観後、同級生の間で容姿のことが発端となっていったらしい。日本の子どもの異質なものの排除、敬遠である。これは考えてみれば恐ろしいことである。教育界が取り組むべき課題は、むしろこうした偏見の根を断固断ち切ることである。

今回の政府の一連の対応をみていると、いかに砲撃事件が起きたとはいえ、長らく決定を延び延びにしただけでも子どもたちにまた朝鮮学校や一部の民族学校に偏見をいだかせるのではないかと、危惧せざるをえない。東アジア共同体構想をいいだした当の政党だけに、残念である。

多文化・多信仰に対するイギリス的配慮

やや紙幅を費やして朝鮮学校の問題を論じてきたが、これは本書執筆時の喫緊の課題であったことにもよるが、さらにはイギリスにも同様の問題があるからである。ただイギリスでは、民族学校という特定のエスニシティが主題というより、多エスニシティにまたがる宗教の方が重要である。すなわち民族を超えた共通の価値としての信仰に関する問題である。これは民族という血より、信仰という魂の方が重要な西洋と東洋の差ともいえる。

イギリスの宗教といっても複雑である。大きくいっても、イングランドでは英国国教会、すなわちアングリカンが国教の地位を占める。しかしウェールズでは、アングリカンは国教ではなく、この地域はバプテスト、メソディスト、クエーカーなどが多く、国教会よりプロテスタント色がもっと濃厚である。一方、スコットランドは、プロテスタントのなかでもさらにラディカルな長老派の牙城であり、北アイルランドは周知の通り、アイルランド人のカトリック系と、グレート・ブリテン島から住みついたアングリカンとプレスビテリアンとのプロテスタント系とで住み分けている地域である。

日本より小さな国イギリスは、民族的にも文化的にも多様であるが、宗教、信仰においても多様である。ここではイングランドを例に述べる。

人の移動が盛んになっているイギリスで年々大きな問題は、アングリカンという独自の国教をもつ社会で、異なる宗教の人々とどのように共存していくかである。特に重要なのは、これまでも地方の地域住民としばしば対立してきたイスラームとどのように共生するかである。この問題は、二〇〇五年七月七日にロンドンで地下鉄爆破事件が起き、犯人グループがパキスタン系移民二世のブリティッシュであったことから、ますます重要性を帯びている。

ひところ学校教育場面でよくいわれた多文化教育より、各地域に居住する人々のつくる民族的、宗教的、文化的コミュニティ内・間の交流や結合、包摂が、イギリス社会の近年の課題とされるのも、移民や難民の到来により、コミュニティ単位でますます文化的、宗教的、民族的に亀裂が深まることへの危機感にある。

一説によれば、ロンドンだけでもイスラーム系住民は一〇〇万人を超え、イギリス全体ではその数二〇〇万人に及ぶといわれる。義務教育段階の子どもの多くは、公立小・中学校に通うが、私立のイスラーム学校に通う者も少なくない。そこで、私立校への公費負担が問題となる。一九九七年に労働党が政権をとるまでは、このような信仰学校への公費支給は、ローマ・カトリックの学校と英国国教会、ユダヤ教徒の学校以外、認められていなかった。しかし、長年ユダヤ教徒の学校に公費が支給されていながら、イスラーム系の学校を除くことへの批判が相次いでおり、ブレア首相はイスラーム系にも、ナショナル・カリキュラムの導入と引き換えに公費を支給することに踏み切った（佐久間、二〇〇七、一一五頁）。

ナショナル・カリキュラムとは、英語や数学、科学のような中核科目、さらには歴史、地理、音楽、体育のような政府によって定められた基礎科目をきちんと教授することである。また大切なのは、他宗教にも時間を割いて共存のために理解を深める教育を行うことである。

イスラーム系の私立校だけでも二〇〇七年時点でイギリスには一一五校あり、他に今述べた公費支給校が八校である。私立校に比べ公費支給校が少ないのは、イスラーム系の学校自体が公費支給と同時にナショナル・カリキュラムに従うのを父母たちが好まず、より独立性を保持できる私立校を望むことにもよる。その他、公費を得るために超えなければならないハードルには、女子職員への雇用機会の均等化、地域での学校の成績、財政の健全化などもある。

ただここで注目しておきたいのは、イギリス社会が宗教的に分断されつつあり、信仰学校への公的補助をめぐり国民の間で賛否が相次いでいるにもかかわらず、少なくとも労働党政権は、子どもの統合の必要上、公的負担の信仰学校を増やす方向にあったことである。また公費支給を得るために、超えなければならない審査基準が明示されていることも重要である。

ナショナル・カリキュラムに従うといっても、それぞれの信仰学校で宗教や文化、価値、歴史に関し独自に教育してもよく、各信仰学校はそれぞれの独自色を出すことは十分に可能である。その意味ではナショナル・カリキュラムは、日本でいえば学習指導要領一〇〇％順守とは異なり、あくまでも大綱としての基準である。そのためイスラーム系の公費による学校ばかりではなく、シクやヒンドゥー、さらにカリブ系のセブンスディ・アドベンティスト（キリストの再臨［Advent］を願う派の一つ。いくつかの戒律のなかでも安息日を重視し、嗜好品の酒やたばこにも厳しい規律が課せられる）の学校、ギリシャ正教などの学校もある。

とはいえ、多くの移民の子どもや難民の子どもは、公立校に通う。そのため地域の学校によっては、特定のエスニシティでほぼ九〇％を占めるような学校もでてくる。ロンドンでいえば、イースト・エンドの公立校などは、その多くがバングラデシュ系によって占められることが起きる。以前からも移民労働者の多い地域は、新しい移住者にとっても住みやすく、近年のイースト・エンドには、ソマリアなどからの難民や東欧圏の人々も多い。

このような子どもの通う学校では、一九七〇年代後半から多文化教育が実践されており、朝礼や種々の学校行事の際は、特定の宗教色を薄める努力をしているが、それでも自分の信仰や文化との関係で親が参加を望まぬ場合は、父母に子どもを儀式から引っ込める権利を認めている。学校の主流文化との齟齬は、何もイスラームやヒンドゥー、シクのような旧植民地出身者の子どもばかりではなく、近年はEUの東方拡大により東欧圏出身者にも起きる可能性があり、その際は同じことが認められている。

日本近隣の東アジアでは、EUのように人の移動の自由までが可能になるにはこれからも相当の長期を要すると思われるが、隣接諸地域の関係の強化は次第に人の移動にも影響を与えるに違いない。となると、たとえば子どもの教育を考える場合には、イギリスの施策が参考になる。

強制しない儀式のあり方に

イギリスでは、学校で国旗の掲揚や国歌斉唱などの行事はほとんどないが、朝礼などでキリスト教色が出るような場合は、たとえばイスラームのような非キリスト教の児童・生徒には、前述した通り父母にそのような儀式から子どもを引っ込める権利が認められている。イギリスのなかでもイングランドは、英国国教会、すなわちアングリカンが国教の地域である。それだけに、他宗教、他信仰の人には、異なる信者としての人権に配慮し、そのような儀式に参加しない自由を認めている。

しかし日本では、現在、日本に侵略された国の出身者にも、国旗や国歌斉唱から引き抜く自由が父母に認められていない。むしろ日本の学校では、たとえ外国人の子どもでも日本人と同じ行動をすることが求められており、地域によっては、日本の子どもと同一行動のとれない子どもには、同一行動をとらせることが教員の職務命令とされることもある。

日本の国内法には、外国人の子どもの教育を義務化させているものはないと述べた。権利に関しては、マクリーン判決以降、日本国憲法の第三章でいわれているような「国民の権利及び義務」に関するものは、等しく外国人にも及ぶととらえられている。しかし、義務までにはならないだろう。そこで、日本政府が外国人の子どもの教育の権利や義務に関し重視しているのは、国が批准し締結した「国際人権規約」や「子どもの権利条約」との関係においてである。

しかしたとえば、「市民的及び政治的権利に関する国際規約」(「国際人権規約」B規約)一八条1・2では、「思想・良心及び宗教の自由」に関し、すべての者に「礼拝、儀式、行事及び教導によってその宗教又は信念を表明する自由を含む」とされ、「何人も、自ら選択する宗教または信念を受け入れまたは有する自由を侵害する恐れのある強制を受けない」とある。

「子どもの権利条約」一四条でも、「締約国は、思想、良心及び宗教の自由についての子どもの権利を尊重する」とし、同三〇条でマイノリティの子どもは、「その集団の他の構成員とともに自己の文化を享有し、自己の宗教を信仰しかつ実践し又は自己の言語を使用する権利を否定されない」としている(『条約集』一三七―一三九頁)。文部科学省などが、さかんに外国人の子どもの教育の権利や義務を説く際引用する同じ規約に、儀式やマイノリティの文化、宗教に関しこのような重要なことが述べられているのである。

現在、日本の夜間中学校や定時制高校には、多くの外国人成人が学んでいる。夜間中学校も、中学校とはいえ昼間の全日制の就学年齢を超えた者でなければ入学が許可されないので、二〇歳代以上の多くの青年男女が学んでいる。近年の出身地の特徴は、中国人や朝鮮半島並びにフィリピンにつながる生徒の増大である。これらの生徒のなかには、親をもちだすまでもなく、当の本人が日の丸や君が代に対し好感をもてない者も少なくない。親や身内の者が、日の丸や君が代のもとに祖国を奪われ、蹂躙された経験があるからである。

これは何も外国人をもちだすまでもなく、国内のマイノリティであるアイヌの人々にとってもいえることである。明治になり、新政府のもとで北海道の国内植民地化がすすめられ大地を奪われたかれらからすれば、国旗や国歌には、日本近隣の被植民地出身者に通じる想いがある。数少ないアイヌの校長として儀式を迎えた北海道の清水裕二のとった行動がまさにそうであった。かれは壇上は、日頃子どもたちが学習した活動の成果を陳列する場とし、国旗は三脚で立て、国歌はメロディだけにしたのである。外国人を持ち出すまでもなく、国内マイノリティも多様なのだ。

すでに、学校給食に関しては、アレルギーへの対策上、別献立が子どもの健康にかかわる問題として認められている。参加者の共同感情を前提とする儀式は、人間としての精神の健康にかかわる問題である。外国人児童生徒の子どもたちがますます多くなる教育界のなかで、儀式の強制は果たして教育の場に許されるのか、外国人も含めて問われるべき時期を迎えている。もし、国旗国歌法案審議中の政府の公式見解通り、卒業式などでの強制は行わないというのであれば、それは当然外国人も含めてであるし、そのうえで日本の子どもでも信仰を異にする場合の人権はどうなるのか、問われていい問題である。

国旗や国歌がなくていいというのではない。それらはどの国にもあるし、ある詩が国歌としての地位を占めた背後には歴史性もかかわっている。アイルランドやフランスの国歌が血なまぐさいのも、現在の国家形成の歴史に関係する。しかし、イギリスの教育界で国旗や国歌がどのように扱われているかは前述したが、アメリカでも早くから歌わない自由が認められている。子どもをアメリカの現地校に入れた経験をもつ知人は、わざわざ校長先生から国歌斉唱の際、歌いたくなければ歌わなくてもよいといわれ驚いたという。これは、敗戦国にして被爆国の日本人に対する配慮ともいえようか。

現在、日本の学校現場で強化されている国旗の掲揚、国歌の斉唱は、「多文化」化しつつある学校現場からみても、日本が批准し締結している国際規約の精神からしても検討の余地がある。

人種差別禁止法の制定を

このように人間としての基本的な権利さえ守られていない日本の現実をみると、問われるべきは、差別が相変わらず心の問題として、人々の気持ちや心がけの次元で受け止められ、「犯罪」とはみなされていない事実である。人種差別に関する罰則を定めて違反者を裁いても、心までは裁けないとされ、肝心なのは差別する心をなくすことだとされる。日本では、刑罰を科すよりも、啓蒙なり教化の方が重視される。

そのため日本では差別が起きても、いつもうやむやのままに解決され、差別が犯罪であり、差別の種類によっては刑事罰に相当することが、真剣に考えられていない。これは多分に日本がこれまで「同質的」集団の集まりとされ、心は同じで、以心伝心が可能とされてきたからだろう。しかし、これまでもみてきたように日本で行われている差別は、制度的なものであり、構造的なものでもある。

イギリスでは差別をパーソナルな次元のもの、制度的なもの、より普遍的な世界の経済的・政治的権力関係のなかで起きるものに分類し、教育によって除去できる差別はパーソナルな次元のものであり、それ以外の差別に対決するには、制度的差別、構造的差別の実態を調査・分析し、個人に代わって訴訟や交渉が任される人種平等委員会やその活動を法的に保障するものとしての人種関係法が存在しているが、日本もおおいに考慮すべき段階にきている。なぜなら日本の同質的集団論は幻想であり、もとからアイヌや琉球の人々がおり、さらに戦前も在日韓国・朝鮮人や中国、台湾の人々が定住し、さらにこのところのニューカマーの登場は、日本の多文化、多民族化をいっそう促進させており、そうである以上、差別のたびに謝罪で済むような次元を超えているからである。

また、このところ国際社会との関係をめぐる情勢の変化も大きい。その一つが、前述した多くの国際条約の締結である。国際条約を遵守するには、抵触する国内法は改正しなければならず、それが不可能な場合でも、特別法として独自に人種差別禁止法を制定し、対応することが要求される。ところが、日本は双方とも実行していない。日本の裁判所を含めた法曹界自体が、国際条約について無知であり、判決のなかにそれらの条約でうたわれている精神が反映されていない。

日本が批准している「人種差別撤廃条約」でも、人種差別に基づく煽動を禁止している第四条a、bに関しては、表現の自由との関連で政府は承認を留保している。その結果日本では、街頭で人種差別を助長するような煽動が行われても黙認せざるをえない状況にある。ことは、市民の日常生活にとって不可避な法（法曹界関係者）の非国際性・閉鎖性にまで及んでいる。いっときも早い、人種差別禁止法の制定が求められている。

梃子にしたい「間接的差別禁止法」

この点での光明は、二〇〇六年、ようやく政府が間接的差別についても、目を光らせる禁止法を定めたことである。二〇〇三年末、大阪高等裁判所により、S電気工業の男女別賃金格差に関し和解勧告がでて、原告の女性を昇進させることと和解金を支払うことで先鞭がつけられた。和解の性格上判決とは異なり、その後の訴訟の判例にならないことを危惧する意見もあるが、広く日本の企業社会にみられる、採用の際に転勤をちらつかせ総合職は男子、一般職は女子というコース別人事や昇進の格差に、厳しい目が向けられたのである。

彼女たちは、訴訟の段階で、日本のNGOやそれを通して国連の女子差別撤廃委員会にも働きかけ、二〇〇三年八月には、雇用機会均等法に関するガイドラインの改正勧告も勝ち取っていた（『日経新聞』二〇〇四年一月一三日）。採用枠に際し、これまでの総合職と一般職に分け、本人の選択によりコースを選ばせるやりかたは、一見、ニュートラルな選択にみえながらも、昇進や社内での地位・待遇に大きな格差を生じさせている。そのしわよせを、ほとんど女子が甘受させられていることへのこれは警鐘である。

今回の具体例は、採用の際、身長や体重のハードル、全国転勤を了解させた総合職勤務、昇進の際の転勤の是認を禁止する等、控えめなものだが、これらが間接的な差別に相当すると明文化された意味は大きい（二〇〇六年六月一五日成立）。たしかに、こうした勧告に法的拘束力はない。しかし、先進社会のなかで今なお歴然と性差別の横行している国日本というイメージは、政府にとっても気になるところであり、厚生労働省を中心に間接差別に関する検討会が設けられ、多くの企業が「時期尚早」と反対するなか、それでも間接差別に関する具体例を出し、禁止するところまでこぎつけたのである。

従来は、間接的差別に関して明示的なものは存在せず、一見すると性別による格差にみえるものにその正当性、合理性を欠くものが、間接的差別に相当すると考えられてきた。間接的差別に関する固有の規定が存在しない以上、法に訴えることも不可能であり、そのため近年は、イギリス流のポジティブ・アクションに取り組む企業が増えていた。女子の雇用制限に目を光らせ、男子並みの採用や昇進を達成する運動である。そのなかでの男女雇用機会均等法への、間接的差別禁止の盛り込みである。このとき同時に女子差別禁止法も、性差別禁止法へと変わり両性の均等法が担保されることにもなった。

たしかにこの禁止法の対象は、日本人の性差別に関するものであり、人種的なものは含まれていない。しかし問題はその先である。イギリスで黒人奴隷が解放されるようになったのは、カトリック教徒のアイルランド人にも市民権が認められてからである。宗教上の差が問われない以上、肌の色に関する差も許されないと思われるようになったのである。

すでに企業によっては、ポジティブ・アクションではなく、外国人も含め女子も男子も個性に応じた働きやすい環境づくりとして、ダイバーシティ（多様化）運動に取り組むところもみられる。これなどはグローバリゼーションの影響により最も進んでいる運動が、確実にそのほかの国にも影響を与えつつある例である（『日経新聞』二〇〇八年一一月二〇日）。

差別は、複雑な入れ子構造をなしている。女子差別も認められないという自覚が高まれば、直接的な差別のみならず、間接的差別も、そして人種差別も人間として認められないようになるだろう。国内の女子差別の是正に目が向けられれば、外国人差別に関しても当然、目が向けられなければならない。人権に国境はないのである。

コラム⑤　多様性の国際比較

ブラジルと日本の最大の違いは、その多様性をめぐる点にあるだろう。ブラジルは、面積が日本の二三倍であり、サンパウロからアマゾンの奥地までは飛行機でも五時間かかる広大さである。植物の種も多様であるように、人々の生活や産業、行動様式も変化に富んでいる。このような変化は、当然入植していった日系人にも大きな影響を与えていった。ブラジルは五つの地域に分けて論じられることが多い。北部、北東部、南東部、南部、中西部である。

初期の日系人は、コーヒーの積み出し港サントスやサンパウロを中心に入植し、その後コーヒー・プランテーションの拡大によって南部や中西部、北部へと拡大していったが、このような軌跡は、現地人との結婚や日本人学校の設置形態などに大きな影響を与えていく。たとえば、南東部や南部へ入植した者は、日系人どうしの結婚がよくみられるが、中西部や北部などでは現地人との結婚の方が多かった。日本人学校も日本人の多い南東部や南部は、教員にも恵まれきちんとした学校が建設されたが、中西部や北部は日本人学校がなかったり、あっても形だけだった。日系ブラジル人と聞くと、均質的な集団を連想するが、入植地域の差に応じ実に多様なのである（イシ、二〇〇一）。

この多様性に富むかれらが現在日本で生活しているのである。かれらのなかに、言葉を交わさなければ日本人と変わらない人もいれば、日系人にみられがたい人もいるのは、入植していった地域や現地人との結婚のチャンスによっても異なるからだ。

ブラジルは貧富の差が激しい。億万長者も多いが、ホームレスも多い。一方、日本は多くが中流化しており、思考や行動様式も平均化している。民族的にも先住民族も外国人も同化圧力の傘下に置かれている。しかし、多様性は生命体の本質にかかわり、多様性に富まない種は滅びるという。多様性こそ、流動性に富むこれからの日本社会では、種々の危機を乗り越える知恵のもとである。

死活をかけたグローバルな競争に置かれている企業では、すでに異文化経営(Trans-cultural Management)、シナジー効果などがいわれている。シナジー効果とは、異質なものとの協働作業による、共同効果のことである。世界が丸ごと市場化される状況で、多くの人々の欲求やニーズに応えるためには、これまでの日本的経営ではとうにやっていけない状況を迎えている。

異文化とか多文化といわれると、教育畑を連想するが、教育界は意外に動きが遅く、死活をかけた企業の方が未来社会の動向を先取りしている。日本の教育の「多文化」のメリットは、世界での生き残りをかけた教育戦略という側面からも研究される必要がある。

6章——グローバリゼーションのインパクト

グローバリゼーションのひかりと影

近年、国際条約への対応を近代国民国家建設時にもどって、国民主権との関係で再検討を迫っているのが、グローバリゼーションによる大量の「国民」以外の「住民」の存在である。どんなものにもひかりと影があるように、グローバリゼーションにもこの両面は、ヤヌスの顔のごとくつきまとう。ここではじめに影の方からみておこう。

グローバリゼーションが、理論のうえではともかくも現実にはその一部にアメリカナイゼーションを伴うとすれば、アメリカと対極的な文化や弱小言語の民族には、大きなハンディが負わされる。グローバリゼーションからさらにグローバル・スタンダードへと昂進し、商品の規格やものごとの行動の基準にまで、アメリカ的尺度が要求されると、欧米文化に一線を画している国や民族は、さらに大きなハンディを負うことになる。これはすでに、コンピューターの文字言語が英語であることにより、日本人がいかに大きな言語的不利益を被っているかを思っても想像できる。

しかし、グローバリゼーションにはひかりもある。そのうちの一つは、各国の相互依存関係が深まることによって世界的に遵守すべき規範、秩序が作り出され、当事国自体だけでは不可能な、弱い立場の人々の救済も可能になることである。国際社会との相互依存の深化は、国家主権の一部をより上部の機関に譲渡することによって、結果的に国家の横暴をチェックし、国内法では目の届かぬ領域にもひかりを当てることが可能になる。最近、アラブ諸国で起きた一連の民主化運動は、この見本である。

これは、グローバリゼーションの「国内化」といってもよい。グローバリゼーションというと、海外でおきる「国際化」を思うが、より重要なのは、それが国内に引き起こすインパクトである。グローバリゼーションが注目されるのも、経済的なものよりも「グローバルな倫理（global ethic）」（Osler and Vincent, 2003, p. 47）が発展し、それが国内の思想・行動にも反響するからである。

日本において在日韓国・朝鮮人の諸権利が承認されてきているのは、国内の独自の法律によるというよりは、「国際人権規約」や「難民条約」などの諸条約のインパクトの方が大きい。国民年金は、一九五九年の制定時点では、「日本国内に住所を有する二〇歳以上六〇歳未満の日本国民」と資格が限定されていたため、外国人の加入は認められていなかったが、「難民条約」加盟により国籍条項が撤廃されたことは前述した。

このとき同時に児童関連三法と呼ばれる児童手当法、児童扶養手当法、特別児童扶養手当等の支給に関する法律からも、国籍条項が撤廃されている。文部科学省が、憲法上は義務でもない多くの外国籍児童・生徒を地域の小・中学校に迎え入れているのも、オールドカマーの植民地問題があったとはいえ、現時点では「子どもの権利条約」や「国際人権規約」等のインパクトが大きい。日本独自の法律だけでは、子どもを含む人間としての基本的権利や外国人の権利をここまで認めることができたか疑問である。

こうしてみるとグローバリゼーションは、一面でアメリカナイゼーションの側面をもち、大国の行動様式や価値観を途上国に押しつける過程でもあるが、他面では人類が勝ち取ってきた普遍的権利をいまだに実現してない国々に広範に浸透させる側面をもあわせもつ。

このことはアイルランドにもいえる。国家を超えるグローバリゼーションの流れや、国際法の一つにEUの動きやその法も加えることができるが、こんにちのアイルランドの民主化を進めたものこそEUなり、グローバルな倫理ともいえるEU法の存在である。

EU加盟がアイルランドを変えた

もともとアイルランドもイギリスと同じくヨーロッパ人としての意識が弱かった。しかし一九七二年のEC加盟をめぐる国民投票では、八三％の賛成により加盟が決定された。その後九二年のマーストリヒト条約には六九％が賛成し、一段とEUよりの政策が採用されていく。しかし、〇八年六月のEU新憲法ともいえるリスボン条約に対する国民投票では、反対が五三・四％と賛成の四六・六％を上回り否決された。EUそのものへの加盟の是非ではなく、統合を政治にまで拡大する基本条約への賛否とはいえ、EC加盟時より統合への評価が落ちたのには、いくつか理由がある。

一つは、国家主権が一段と制約されることに対するナショナリストの反発である。自国民の固有の課題に応えるのは国家なのに、単一の国家を放棄することによって、たとえば失業問題も解決困難になるとの危惧である。この反応は、イギリスにもみられる。二つは、政治・経済の中心が大陸に移り、アイルランドが辺境化することへの不安である。それはアイルランドは、いずれドイツ人のゴルフ場になるという自嘲気味の言葉に表れている。事実、今なおアイルランド語の話者の多いゴルウェー西方の漁村は、アイルランドのなかでも最も風光明媚なところだが、この周辺の土地はドイツの富豪に買い占められ、人口減に悩んでいる。

三つは、大陸の影響が強まりアイルランドの文化が衰退することへの恐れ、アイリッシュネスを喪失することへの危惧である。四つは、これまでの中立化政策を放棄し、EU軍に加盟せざるをえなくなることへの反発である。加えて一般の庶民には、重要な政策が自分たちが選んだわけでもないブリュッセルのエリート官僚によって決定されることへの不満もある。しばしば話題となった庶民とエリートの乖離である。拡大するにつれて複雑になった統合に対し、「わからないことにはノー」がアイルランドの庶民にも受けた形である。

その後、同条約は〇九年一〇月の再投票によって賛成六七・一三％、反対三二・八七％で可決された。最大の転機となったのは、政府の積極的なテコ入れやEU側の政府支援があるが、より大きいのは、世界的な経済不況である。ケルトのトラとまでいわれたアイルランド経済もすっかり冷え込んでしまった。ＥＵを敵に回しては、いっそう孤立化するという危機意識と経済再建に全欧州との共同戦線を選択したのである。

しかし、それでも三人に一人は反対している。アイルランドの独自性が、より強化される統合で風化することへの危機感は強い。カウエン首相（Cowen, B. 1960- 二〇〇八―二〇一一年在職）がこの間に、統合が強化されても軍事的中立性や人工妊娠中絶禁止を認めるよう特例措置を求めたほどである。

アイルランドの国民投票が注目されたのは、同じく国民投票で否決され、その後議会承認に切り替えた他国（フランスやオランダなど）にとって、憲法の定めに従って国民投票を実施したアイルランドの一般市民の反応がよそ事ではなかったからである。現在のような経済不況にあっても、国家の独立性をも脅かしかねない政治統合には、市民の一定の批判のあることが証明された形である。

このような統合加速化へのある種の反発はあるものの、アイルランドがＥＵの一員となって以降、その影響はいろいろなところに現れている。教育に限定しても、生徒の選択する外国語に変化がみられる。フランス語は、加盟後間もない七五年から十数年後の八八年のあいだに六八・二％から七二・三％に、ドイツ語も六・六％から一〇・六％に上がっている。しかし、スペイン語は二・七％であり、ギリシャ語もごくわずかなままである。加盟国の言語に対する関心が、ＥＵの「大国」を除きいまひとつ盛り上がらないことに関しては、アイルランド語を課していることが遠因になっているのではないかとの指摘もある。

大陸との交流の促進

とはいえ大陸とアイルランドの交流は確実に進行しており、たとえば一九七〇年代のパリのアイルランド人は五〇〇人たらずだったのに、現在は大幅に増大している。これまではイギリスとの関係が強く、さらにはイギリスを通して大西洋を渡ったアメリカとの関係の方が密だったのに、近年はヨーロッパ大陸との関係が着実に強化されている。これは学生間の交流にも現れており、アイルランドのフルタイム及びパートタイムを合わせた七万人の学生中二〇〇〇人が三カ月から一年単位で大陸の学校で学んでいる。従来までの留学のタイプはイギリスかアメリカが主なものであっただけに、この変化は大きい。またコークやゴールウェイのアイルランド西側の大学には、こんにちチューリンゲンやサラマンカ（スペイン、イベリア半島）などからの留学生が多くなっている。

大陸の学生がアイルランドの大学を選ぶ理由には大きく二つある。一つは、英語を習得するためである。英語は大陸の学生にとっても価値あるものであり、イギリスへの留学と同じ効果を狙ってくる。もう一つは、大陸の大学は一般にマスプロ化しており、それを嫌ってこじんまりしたアイルランドの大学を選択していることである。いずれにしても従来、学生間の交流といえばアイルランドとイギリス、アメリカが主だっただけに、この変化は大きい。

こうした交流も踏まえてであろう、すでにアイルランドでは、憲法上カトリックが特別の地位を占めていた条項が削除されており、北アイルランドのプロテスタントもにらんで将来の南北統合への布石も練られている。多くの国との交流は、あらためていうまでもなくプロテスタントとはキリスト教の一セクトであり、北のプロテスタントを同じ「国民」とみなす障害にはならないこと、アイルランドという島に住む者は宗教を異にしても同じ「国民」とみる観念も着実に増している。北のプロテスタントは、アイルランド島全体の人口構成からみれば、宗教的なマイノリティというだけで、いつでも南は受け皿になれるという意識である。

婦人の解放

ＥＵ加盟に伴うこうした変化は、そのほかの分野にも及んでいる。その一つに、女性の解放がある。しばしばイスラームは、女性を家に閉じ込めがちにみられているが、キリスト教の少なくともカトリックには、同じ傾向がみられる。

アイルランドがイギリスの支配下にあったあいだは、プロテスタントの影響も無視できなかったが、一九二二年に自由国になるとさっそく独自の政策がうちだされた。これらの政策は、女性に限ってみてもかなり保守的なものである。たとえば一九二五年には、官僚規則法が制定され、結婚後公務員にとどまることが禁止され、同時に離婚も禁止された。二七年になると女性が陪審員から排除され、さらに色彩豊かなダンスやあけすけな女性のドレスは、性的放縦をあおるものとして禁止された。さらに映画や本での性的表現も厳しく統制された。三五年には、避妊を宣伝することも法律上違反とされるまでになる（Hussey, 1995, p. 417)。

以来女子の給料は、男子より一段と低く抑えられ、女子の地位それ自体が男子より低いものとして位置づけられた。失業保険も女子にはなく、社会福祉も男子の扶養対象としてのみ扱われ、子ども手当ても母親に対してではなく父親に対してであった。

このようなアイルランド人女性の地位は、子ども時代に学校やカトリック教会の儀式を通して教育される。無口で清純なイエスの母親マリア像の理念化であり、女性の生きがいは、結婚して子どもを生み育てること、夫に仕え家庭を守ることにあると教育されるのである。

たとえ暴力をふるわれても家を出るなどということは許されず、誰も彼女をかくまうことができないばかりか、夫もまた連れ戻す権利をもっていた。女性は、男性の付属品のようなものだったのである。このような女性の地位が、アイルランドではつい先日まで憲法によっても認められていた。

ジェイムズ・ジョイス（Joyce, J. 1882-1941）は、アイルランドを代表する作家である。名作『ダブリンの市民』には、社会の停滞、貧困、アルコール、父親支配、男たちの暴力、教会、神父といった当時のアイルランドを象徴する光景が鋭く描かれている。特に女性の置かれている状況は、読む者をやり場のないような心情に追いつめる。社会や職場の公的世界に女性の占める位置がなく、父親の監視下で、自分にも家庭がもてるようになれるか不安な結婚願望に揺れる女性が描かれているが、これはつい最近までのこの国の女性たちの姿であった。

こうしたアイルランド人女性の地位を大きく変えたのは、たしかにアイルランド人女性の粘り強い闘いと七〇年代の世界的なフェミニズムの動きだが、さらには、同じ七〇年代のアイルランドのEC加盟である。ECへの加盟は、アイルランドの女性に対する政策を大きく変えた。ECは、当時すでにイコール・オポチュニティ、イコール・ペイ、産休政策などを重視していたからである。女性を一段と低くみていたアイルランドも、いまやイコール・オポチュニティ、イコール・ペイ、夫の暴力からの保護、避妊の実践などを認めている。

ただながらくカトリック教会の影響下にあったアイルランドでは、これらの政策は理論的には進行しているものの、現実が伴わない面も否定できない。たとえば、女子の賃金はEC加盟後の九〇年段階でも男子の七〇％であり、〇五年までにかなり是正されてはいるが八〇％にはなっていない。マーストリヒト条約は、このような施策をめぐり遅れている国に積極的な取り組みを課している。アイルランドも基本条約は、無視できない状況にある。

そうした影響もありアイルランドの変化で最も大きいのは、家族員数の激減である。アイルランドの家族は、伝統的に大家族であった。この大家族で中心をなすのが母親であり、家を切り盛りするのが女性の大切な仕事ともされた。ところが、一九六〇年代から九〇年代にかけて、家族員数が五人台から二人台に減少しているのみならず、その減少速度も西ヨーロッパやアメリカを含めて最速なのである（ibid., p. 425）。ヨーロッパのグローバル化としてのEUのインパクトは続いている。

言語の復活

ＥＵ加盟後の影響は、言語の復活にもうかがえる。承知のようにＥＵは、加盟国に少数言語の尊重を保障している。二〇〇七年一月からは、アイルランド語がＥＵの公用語にも指定されている。その影響もあって、このところアイルランド語が少しずつ復活している。

もともとアイルランド語の保護運動は、ＥＵ成立に遠く先立つ。すでに一八九三年にゲーリック協会が設立され、アイルランド語の復活が目標とされた。一九二二年にアイルランド自由国が成立すると、アイルランド語は、アイルランドのアイデンティティのためにも必須とされ、アイルランド語で教育の行なわれる学校が全国的に創られた。

しかしこの試みは、早晩挫折する。それは、アイルランド語を教えることのできる教員の不足である。長年にわたる植民地化の悲しい現実として、すべての教科をアイルランド語で教えるにも、アイルランド語を使える教員が決定的に不足していたのである。そのため、再び多くの学校が、英語を説明言語とする学校に切りかえられた。

ところがこんにち、アイルランド語を教える学校が増えている。たしかにアイルランドでは、アイルランド語の教育は義務化されているが、ここでいうのは、教授言語にアイルランド語を使用して教育する学校のことである。それは単に、農村部だけではなく都市部においても増えている。主に中産階級の家が、子女にアイルランド語を教えるために通わせている。

これは、土着の言語のみを身につけさせるためではなく、英語とアイルランド語のバイリンガルに育てたいこと、さらにはアングロ・アメリカン文化に染まることを危惧してである。圧倒的に優勢なアングロ・アメリカン文化からゲール文化を守るために、教授言語にアイルランド語を使用する学校に通わせているのである。

そのため近年は、アイルランド人でアイルランド語を話せる人は四〇%を超えているといわれる。筆者も数年前、ダブリンのメリオン広場にあるゲール語事務所（Foras na Gaeilge）を訪ねたとき、事務員の言語はすべてゲール語であり、係の人の話でもアイルランドの小・中学校ではゲール語を教えているので、子どもの九〇%はゲール語の読み書きができると述べていた。こうなると、むしろ教授された言語を仕事で使用する機会があるか否かが重要になるが、この点では、ゲール語保護運動のような組織を除いて、使用チャンスが著しく制限されているのが現実だ。

ただし言語は、必ずしもナショナリズムに直結しない。スコットランドをみればわかるように、固有の言語、スコティッシュ・ゲーリックを話す人はごくわずかでも、スコットランド・ナショナリズムは「健在」である。この点アイルランド語学校の興隆は、むしろ固有の文化の維持、生活のなかでのアイリッシュネスの保護にある。

このような学校のなかには、学校にいるあいだはアイルランド語の使用しか認めず、英語を使用した生徒には罰則を科すところもある。一歩外に出れば英語が満ち溢れているだけにアイルランド語を話し、アイルランド語で考える習慣を身につけさせるためにである。こうした運動に弾みをつけたのも、やはり一九七三年のアイルランドのＥＣ加盟である。前述したようにＥＵは、加盟国のあいだで少数言語の保持をうたっている。マイナーな文化や言語は、ＥＵを豊かにするとの発想からである。
そこで最近は、公的な標識のアイルランド語と英語の二重標記化（たとえば exit／isteach、Post Office／Oifig an Phoist、women／mna）なり、ところによってはアイルランド語だけの標記化が進行している（Ardagh, 1995, p. 292）。こうした努力もあってアイルランド語を話せる人が増えており、この傾向は若者に顕著である。

困難な道のり

しかし、アイルランド語の復活（Gaelicization 運動）に対しては、このような二重表記も含めて、冷ややかな人も多い。それはよしんば話者が増えても、形式的なだけで、実際の生活や職場では使用する機会が少ないこと、日常生活で使用している人は四％に過ぎず、それも家庭内が主で（Hussey, 1995, p. 499）、ＥＵ加盟国の一員としては、アイルランド語よりほかのＥＵ加盟国の言語の方が重要なこと、アイルランド語とのバイリンガルは有力な第二、第三の言語習得の機会を奪うというものである。

こうした批判は、アイルランドが自由国となりアイルランド語を公用語と定めたときからあった。そのときは同時に英語を第二公用語からすらはずす動きもあったが、カトリックのアイルランド人からも自分たちの独立の誓いや多くの歴史的な文言がすでに英語で語られ、英語は自分たちの魂にもなっているとして反対されたのである。宗主国憎しのあまり、世界的な言語となりつつある有益な手段、英語を失うことへの危惧である。

もちろんアイルランド語を課すことが、ほかの言語習得の妨げになるとする意見には反論もある。それは、アイルランド固有のゲール文化や伝統の理解にアイルランド語が不可欠なこと、自分たちの理想は、カナダやスイスのように複数言語に習熟する訓練を小さいときから身につけさせることであり、ナショナリズムを植えつけることではないこと、自国語の復興は、ほかの言語に対する関心を呼び、マイナスにならないなどとしてである。

そこで政府は、ゲール語を話す地域（Gaeltacht）の人々の文化を擁護し、言語を守り、地域産業を発展させるよう方策を練ってはいる。しかし、当地域の産業を発展させようとすると外部の資本や専門家を導入せねばならず、そうなるとゲール文化やアイルランド語を知らない人間を増やすだけで、地域開発がゲール文化を空洞化しかねないという矛盾を抱えている。失われた言語の復活には、依然として多くの困難がつきまとっている。

特にアイルランド語の復活が困難なのは、アイルランド人としてのアイデンティティが、固有のアイルランド語を話すことと直接に結びつかないことである。前述したように、かれらは古くに母語を失った。その結果、アイルランド人としてのアイデンティティが言語とは結びつかない特異な国家になっている。アイデンティティとしてなら、スポーツや文化、そして宗教の方が重要である。アイルランドのナショナリズムには、カトリックという宗教がシンボル的な位置を占めている。

韓国のナショナリズムには、宗教はあまり関係していない。韓国のナショナリズムには、宗教より、アメリカや日本、ないしは北朝鮮のような「ほかの国家」との距離や関係の方が重要である。しかし、アイルランドのカトリックは、隣国のプロテスタントとの関係が大きい。アイルランド人が熱心なカトリックというのも、宗教それ自体に対する愛着よりも、歴史的にプロテスタント国イギリスに対抗するうえでのカトリックという側面が強い。アイルランドでカトリックがより強固になったのが、飢饉以降一九八〇年代までというのも（Tovey and Share, 2003, p. 390）、イギリスによる併合と密接に関係していることを物語る。カトリックとは、アイルランドでは宗教の衣を着たナショナリズムなのである（Holmes, 1992, p. 59）。

かれらが現在でも力を込めて自らをリパブリカンと称するのも、君主制国家イギリスを意識してのことである。

グローバル化のなかのアイルランド

とはいえ、アイルランドも韓国もこのところ変化が著しい。両国にとってその変化の第一は、移民の送り出し国から受け入れ国に変わったことである。

アイルランドを例にとるなら、一八九〇年から一九九〇年までの一〇〇年間に二〇〇〇万人のアイルランド人がイギリスに流れた。以前ならその多くはアメリカに向かったが、この時期の移動は、その三分の二までがイギリスに留まったとされる。このアイルランドが、一九九〇年代半ば頃から移民受け入れ国に変貌していったのである。

たとえば、一九九五年から二〇〇〇年までの間に総数二五万人の移民を受け入れている。二一世紀になるとその波はさらに高まり、〇二年には四万一〇〇〇人を記録し、〇四年も三万人を突破している。特に〇四年五月一日以降東欧圏にも門戸が開放されると、イギリス同様多くの旧社会主義圏から労働者やその家族が来ている。

〇二年のアイルランドの総人口は四〇〇万人を切っていたのに、〇六年には四二四万人になり四年間で実に六％強の人口増であり、この間の平均受け入れ数も四万六〇〇〇人である。〇六年で海外生まれの者（アイルランド人も含む）は、全人口の一四・七％であり、二〇三〇年までに海外生まれの者は一〇〇万人を超すとみられる（NCCRI, p. 20）。

東欧圏ではバルト三国やポーランドから多いのもイギリス同様で、〇四年五月から一年間のあいだにエストニアはそれほどではないが、リトアニアからは二万人弱が、ラトビアからも一万人弱が、ポーランドからは四万人強の人が来ている。そこで政府は、〇四年八月にEU二五カ国以外からの人材獲得のために新しい高資格者と特殊技術用の労働許可書を発給し対応している（Spencer, 2006, p. 9）。アイルランドは長らく人口減に悩んでいたが、近年は移民により出生数の減少に歯止めがかかり、現在は自然増の国になっている。その担い手が移民である。

そこで近年のアイルランドでは、この国が単一民族の国ではなく、多文化、多民族からなる国であるとして、〇四年一一月にEU加盟国の間で取り決められた移民の統合政策に関するEU共通基本政策（Common Basic Principles For Immigrant Integration Policy In The European Union）の実行に取り組むまでになっている。かつてヨーロッパ最大の移民輩出国アイルランドが、移民受け入れ国として、移民労働者の統合政策が問われるまでに変わってきているのだ。

それどころかかつて大量の国民を難民同然にイギリスやアメリカに送り出していたアイルランドが、難民受け入れ国にも「変身」している。二〇〇〇年から〇五年までの六年間に七〇〇〇人弱の難民が受け入れられている。しかも〇五年一月以前までアイルランド生まれの子どもには、自動的にアイルランド市民権が付与された。EU加盟国のなかでも破格ともいえるこの待遇は、〇四年六月の国民投票により撤廃されることになったが、それでも親を含めて、これで市民権を付与された者は、一万八〇〇〇人にも及ぶ（ibid., p. 21）。

かくして今日のアイルランドには、世界一〇〇カ国以上の人が集まり、西側の他の先進国と同じように文化的にも民族的にも、そして宗教的にも多文化・多民族の国へと変わりつつある。宗教的というのは、熱心なカトリック教国アイルランドにも、このところイスラームの人口が多くなり、一九九一年から〇六年までに四〇〇〇人弱から実に三万二〇〇〇人にまで増えている。同じくキリスト教のなかでも、オーソドックス・キリスト教徒（ロシアやポーランドなどの東方正教会）の数が同時期に、四〇〇人から二万人にまで増加している（ibid., p. 22）。伝統的なカトリック国の多宗教化も西側同様に進行しているのだ。

第二の大きな変化は、アイルランドというと典型的な農業国のイメージをもつが、農業人口が激減していることである。一九二二年にアイルランドが自由国になったとき、男性労働力の六〇％弱までが農業従事者だった。しかしこのところ、農業従事者が激減し、代わりにヨーロッパのほかの国同様に第三次産業従事者が増えている。

第三の変化は、教育界での進学率の向上である。以前のアイルランド人といえば、無学・無教養を地でいく民族のように語られたが、こんにちでは義務教育以降の高等教育機関への進学率が向上している。アイルランドには現在、九つの大学、一四の高等テクノロジー機関、七つの教員養成並びに訓練機関があるが、一九六五年時点では義務教育以降に進学する者は一〇%程度だったが、現在は、六〇%弱にまで拡大している（Tovey and Share, 2003, p. 194 なおこのデータで一部古いものは、アイルランド大使館の資料で補っている）。このような進学率の向上が、ケルティック・タイガーとも呼ばれる高成長を支える人材養成の源泉にもなっている。

学生数の増加は、留学生数の増大にも及んでいる。アイルランドへの非欧州経済領域（EUプラスノルウェー、リヒテンシュタイン、アイスランド）からの留学生が急増している。〇二年には一万一〇〇〇人であったが、〇五年には短期のうちに倍増し二万三〇〇〇人余となっている。英語を学ぶためのEU内からの短期学生ともなるとその数は、二〇万人にもなり、かれらには一週間に二〇時間以内の労働も許可される。政府の試算では、このような留学生のもたらす歳入効果もばかにならないとみられている（Spencer, 2006, p. 13）。

第四は、カトリックの信仰に関する変化である。アイルランドが熱心なカトリック国であることは再三言及した。そのカトリックもアイルランドのものは、神秘的ですらある。それはマリア信仰に重ね合わされた、家族のなかでは母親中心の母性による信仰心の涵養である。あたかも、イギリスの父性によるプロテスタントに対決するかのような母性信仰ともいえる。それゆえ父性の圧政にじっと耐えるかのような神秘性をも内蔵しているが、しだいにEUの進行にともなうグローバル化により、一昔前の宗教にまで浸透した抑圧に耐える理念像は変わりつつある。

母性に対する神秘性が薄まるにつれ、家族の絆も近代化の下にゆるみ始め、子ども数の減少、離婚率の上昇、一〇代の妊娠が急増しつつある。なかでも婚外子の増大が、このところ顕著である。スウェーデンやノルウェーでは、出生する子どもの半分を婚外子が占めるが、アイルランドでも〇三年の出生者中その比は三一・四%であった。一般に婚外子の比率は、北ヨーロッパに高く、南ヨーロッパに低いことが知られているが、一九七三年時点でわずかにその比三・二%だったアイルランドも、三〇年後にはほかの北ヨーロッパの傾向に近似しつつある（McGrath *et al.*, 2005, pp. 13–15）。

ちなみに〇三年時点で婚外子が最も低いEU加盟国は、ギリシャの四・四%であった。イギリスのプロテスタント父性信仰に対するアイルランドのカトリック母性信仰は確実に変わり、性を取り巻く状況が他国とあまり違わなくなりつつある。

第五は、女子の職場進出が進むにつれて、男女間の格差も是正されつつあることである。アイルランドの女性が伝統的にカトリックの影響もあり、家に閉じ込められがちであることはすでにみた。たとえ仕事をもっても、男子との賃金格差が大きかった。しかし、〇五年には、この格差も男子を一〇〇とした場合、八〇そこそこにまで改善され、EU内部でも中堅に位置するまでになっている。ちなみに日本は、同じ経済協力開発機構（OECD）の比較では男女の差三三％（男子一〇〇に対して女子六七）でアイルランド以上に差が開いており、最大は韓国のその差三八％であった。

男女間の雇用率格差も縮小しつつあり、同じく男子を一〇〇とした場合、女子は七七である。これはEU諸国内でも、ギリシャ六八、スペイン七一、イタリア七二、ルクセンブルク七四を抜くまでになっている。ちなみに日本は七一でスペインと同水準である。女子雇用という面でも明らかにEUの中軸国に肩を並べつつある。

第六は、こうしてアイルランドがEU内でも中堅国に台頭するにつれて、その自信がイギリスに対する敵愾心をもやわらげていることである。本書全体を通じて、両国の関係が劇的に変化していることは述べてきたが、その象徴はスポーツである。筆者は以前、アイルランド人はイギリス発祥のスポーツはやらないと述べた。そのシンボルが、本書でも取り上げたダブリンのクローク・パーク国立競技場である。この施設は、ロックや歌の催し物には開放されても、ラグビー等のイギリスを発祥とするスポーツには、一切開放されなかったのである（Hussey, 1995, p. 449, 佐久間、二〇〇七、九九頁）。

しかし前アイルランド大使林景一も指摘の通り、〇七年二月アイルランドとイギリスのラグビーの試合が行われ、この競技場にイギリス国歌が流されたのである（林、二〇〇九、一三八頁）。アイルランドでは、スポーツがナショナリズムの動きを果たしてきただけに、この変化は大きい。EU内にたしかな地歩を占めるにつれて、他国との相互交流の深化が過去の植民地の怨念渦まく宗主国敵視を氷解させつつある。こうした場で流されるアイルランド国歌の反英的性格に関する異論も出るなど、グローバル化の波は、アイルランド市民の感情をも変えつつある。

EU加盟時点ではヨーロッパ最貧国の一つであったアイルランドも、国民一人当たりの国内総生産（GDP）では、宿敵イギリスを抜き日本をもしのぐ富裕国の仲間入りをした。ところが、風雲急を告げたのは、グローバリゼーションの影の部分を地でいくように、アメリカに端を発した世界経済不況に瞬く間に飲み込まれ、財政赤字が深刻化していることである。三―四年前までの経済成長率六％前後が、〇九年一二月時点ではマイナス六％を超えるまでの落ち込みようである。同じ試練に立たされているアイスランド同様、銀行の国有化などにより金融不安に対処しているが、いよいよ小さな島国の真価が本格的に試されている（脱稿後アイルランドは、EUと国際通貨基金に財政支援を要請し、認められた。ポルトガルのような財政赤字に苦しむ国への波及を阻止するためにもである。経済がバブル気味のところに世界不況が重なってであるが、救いは国民がギリシャのように暴徒化せず、冷静に受け止めていることである）。

筆者はこれまで四―五回アイルランドを訪問している。一九八〇年代初期頃からだから、それほど多くはない。しかし行くたびにアイルランド人の自信のようなものが肌に伝わってくる。特に近年は、外国人労働者や観光客も多くなり、夏季などはヨーロッパの北のリゾートのような感じである。EU統合は、確実にアイルランドを変え、イギリスへの積年の恨み、それは形を変えた劣等感でもあったが、今ではそれも一掃されつつある。

写真4は、アイルランドを旅するとしばしば目につく街路の標識であり、この道路がEUの構造基

金で可能になったことを示している。星のマークが、自国も負担し加盟国共通の基金からなることを示している。以前なら、何かとイギリスの支援に頼らざるをえず、そのことがまた複雑な反発を生みだしたが、ＥＵ加盟以降は地域開発も宗主国依存から脱却し、対等なパートナーシップであるＥＵと共同なのだとの自負がうかがえる。

近年の韓国

一方韓国も、以前はアメリカを中心に国民を送り出す移民排出国であったが、このところは完全に移民受け入れ国に変わっている。現在韓国には一二〇万人の外国人がおり、その三分の一が労働者である。全外国人の半分に相当する六〇万人が中国人であり、その半分の三〇万人が朝鮮族である。朝鮮族とは、一九世紀後半や日本の中国東北部への進出を機に、朝鮮半島から中国東北部に移り住んだ人々で、吉林省、遼寧省、黒竜江省などを中心に二〇〇万人以上いる。

写真４　ダブリン郊外の街路の標識

日本が中国と国交正常化したのは一九七二年だったが、中国と韓国は一九九二年であり、それを契機に中国東北部の朝鮮族も動き出し、グローバル・シニサイゼーションの波が韓国にも確実に押し寄せている。ソウル郊外の安山市などには、多くの朝鮮族が住んでおり、最近は中国からの留学生が卒業後も韓国に職を得て住み着いている。途上国には大都市にすべての機能が集中しやすいが、韓国もソウル中心であり、外国人の三分の二までがソウルに集中している。

グローバル化の波に乗って、どの国にもはじめはその国と関係の深い人々がやって来る。イギリスなら古くはアイルランド人であったが、戦後は旧植民地のカリブ系なりインド系になり、日本は朝鮮半島や入管法改正後なら日系南米人がそれにあたる。韓国でいえば朝鮮族がその代表であり、近年はロシア人もおり、そのなかにはかつてスターリン時代（Stalin, J. 1878–1953）に強制的にウズベキスタンやカザフスタン等に移住させられた朝鮮族の子孫が含まれる。どの国にも自国の血が流れていれば、文化の理解も得やすいという思いがあるようだ。

日本の農村との関連で見逃せないのは、韓国の農村にも「農村花嫁」がすでに四万人くらいいることである。そこで韓国では、多文化家族という形で外国人との交流がさかんに論じられている。農村花嫁の斡旋が、民間業者主導というのも日本に似ている。ただ多くの「花嫁」が農村に来る背景には、女子側に断る権利の認められていない「アジア的人権観念」の性別格差も無視できない。相手が紹介されたとき、韓国農村の男子側には「お気に入り」を探す「自由」があっても、外国人の女子側には、断る権利が認められていない。ある男子を断っても、ほかの男子の紹介とはならないのだ。

イギリスでは、強いられた結婚（フォースド・マリッジ）は禁じられており、結婚には両性の同意が必要である。韓国に急激に海外から「花嫁」が来ている背後には、女子の意思が無視された形での「貧しい」南の国からの移動という人権上の問題も横たわっている。

多文化という用語は、グローバル化のなかで近年、韓国でもにわかに頻出する言葉となったが、日本と違うのは、多文化共生とまではいわれないことである。これには理由がある。国際結婚等による社会の多文化状況は理解しても、しばしば問われるような、フィリピンやタイから来た母親の母語、母文化を子どもに教授する、日本で実現しているわけではないが、そのような対応までは問題にすらなっていないし、そこまでやることへの強い反対もある。韓国でいう多文化とは、今のところ相手の多様な文化を知ったうえでの「同化」が基本である。

北朝鮮の抑圧的な政治体制や貧困な生活から逃れようと命からがら脱出してきた人、いわゆる「脱北者」も韓国には二万人くらい生活しているが、かれらは韓国社会に溶け込んでいない。よく聞くと言語も韓国で話されているのと微妙に異なる。戦後の動乱で分断され、その一部の人が生死をかけてようやく南に到達したのに、分断六〇年の歳月は同じ血をも引き裂いている。これは日本のオールドカマーと、韓国からのニューカマーとの間にある微妙な感情にも似ている。加えて、脱北者のもつ「北の文化」は、多文化の対象にもなっていない。

韓国もまた高学歴化が進んでいる。受験熱は日本以上である。超有名大学は、ＳＫＹ（スカイ）大学と呼ばれ、これはソウル大学、高麗大学、延世大学の頭文字をとったものである。このような有名大学の学歴獲得合戦は、ソウルの伝統的なコミュニティをも解体させている。ソウルは、学校が学郡に分かれている。有名大学への進学率の高い高校があると、人々がその学郡に移動するのだ。たとえば、八学郡に江南《カンナン》と呼ばれるところがあり、この地区に有名高校が集中している。そこに受験生をもつ親が殺到し、古いコミュニティが解体されている。専門家はこれを教育バブルと述べている。あたかも経済的なバブルを思い出させるような教育をめぐる投資ゲームが、コミュニティまで解体させているのだ。

通常、古いコミュニティが解体されるのは、道路やビルの建設に伴う都市開発による。これはいわば、上からの強いられた移動である。ソウルの教育熱のすごいところは、民衆による下からの、子どもへの教育投資という形をとった「自発的な移動」による伝統的コミュニティの解体である。韓国からみると、東京には古いコミュニティがまだ残っているという。韓国では、教育投資をめぐり移動が繰り返された結果、心のふるさとのようなコミュニティは存在していないという。そこまで移動が激しいのだ。

筆者の大学教員の友人は、子どもに「故郷」をもたせてあげたかったができなかったという。理由は、子どもの進学に有利なよいアパート（アパートという名のマンション）を求めて、二年おきに移動を繰り返したためという。二年おきというのは、貸マンションの賃貸契約が韓国では二年が標準であることにもよる。一種の教育過熱による住居移動ゲームである。

現在の韓国の子どもは、二つのことに怯えているという。一つは、お金がないことへの怯えである。お金がなければ、進学に有利なアパート（居住区域）に住めない。そうなるといい大学に入れない。

もう一つは、親の離婚への怯えである。子どもへの投資の一つは、海外留学である。母親は子どもの世話のために一緒に渡航する。親の別居が、離婚にならないか不安なのである。韓国では、一足先に英語によるグローバルな人材育成・獲得合戦が始まっているのだ。

国際条約のインパクト

一方、日本に目を転じるとこのところ人の移動がダイナミックに起きている。再三言及したが、近年の人の移動の特徴は、二〇〇七年末に日本の外国人として戦後長らく一位の座を占めていた朝鮮半島出身者に代わって中国人がついたように、中国の台頭が著しく、かつその勢いもいっそう増しつつあることだ。〇七年末の双方の差は、一万数千人単位であったが、〇八年末には六万六〇〇〇人以上、〇九年末には一〇万二〇〇〇人にまで広がっている。

この場合、中国というとわれわれは一カ国から一国民の移動ということで、日本を基準に文化も民族もかなり均質的な中国人の到来と考えがちであるが、日本に万単位で輩出している中国の地域四一五カ所をみても、東北部から河北、伝統的な移民の輩出地域福建省や内陸部の内モンゴルに至るまで、いずれももとは文化的かつ民族的にも異なる多様な地域からの来日である。すなわち同じ中国国民の到来といっても、文化的、民族的には複眼的に考える視点が必要である。

日本も先進国の一員としてこんにち多くの国際条約を締結している。国際条約は、その性格上、批准し締結すれば憲法を除いて国内法の上位に立つ。批准国は、条約に抵触しないよう国内法を変えることが要求される。たしかに違反しても罰則を科されることはない。しかし、国連のさまざまな委員会で条約に抵触していることがそのつど指摘され、道義的責任が問われることになる。

今世紀になって指摘された事柄をみても、広範な問題に及ぶ。たとえば二〇〇一年三月に採択された「人種差別撤廃委員会」では、アイヌの先住民族の権利、在日韓国・朝鮮人の大学受験の不利益、ニューカマーの子どもたちの教育受益権、人種差別それ自体への刑法規定の欠如、マイノリティに対する法的保護の不十分性の問題等と多岐に及んでいる（同委員会の「最終所見」は、インターネットで確認可）。

少し立ち入れば、人種差別が起きても「人種差別それ自体」を「刑法において明確かつ適切に犯罪」とはしていないと指摘し、「人種差別を助長、扇動する意図があった場合にのみ処罰」するという政府の立場に「懸念」を表明している。また「あらゆる形態の人種差別の撤廃に関する国際条約」が、「国内の裁判所でほとんど援用されていない」として、「人種差別を非合法化する特別な法律の制定が必要」と指摘している。

また外国人の教育に関にしても「日本における初等教育の目的は、日本民族（Japanese people）をそのコミュニティのメンバーとなるように教育することにあるため、外国籍の子どもにそうした教育を受けることを強制するのは不適切である」という日本政府の見解には注目しつつも、そのことによって「人種隔離、ならびに教育、訓練および雇用に関する権利の享受の不平等をもたらすことを懸念」するという重要な指摘もある。

アイヌに関してはさらに踏み込み、「アイヌ民族の権利をよりいっそう促進するための措置をとるよう勧告」し、特に「土地権の承認および保護、ならびにその喪失に対する現状回復および賠償を求める」としている。たしかに、九七年のアイヌ文化新法に先駆け提出された有識者懇談会報告書で、アイヌ民族の「先住性」なり「民族性」を認めつつも「先住民族」とまで踏み込まなかったのは、他国で起きている土地の返還問題等を考慮したためであった。アイヌの人々を先住民族と認めることは、〇八年の洞爺湖サミット前にやっと国会決議で承認された（次項も参照）。

難民に関しても言及しており、「インドシナ難民と、その他の民族的出身の限られた数の難民に対して、異なる取扱いの基準が適応されていることに懸念を表明する」とし、「インドシナ難民は、住居や財政的援助、国の資金による日本語学習コースを利用しうる一方で、他の難民は、こうした援助を原則として受けられないでいる。委員会は締約国に対し、そうしたサービスをすべての難民が平等な資格で受けられるよう確保するために必要な措置をとるよう勧告する」と述べている。

こればかりではない。二〇〇一年八月の「社会権規約委員会」は、「総括所見」として、日本のマイノリティの子どもたちが、自分の言語による教育や文化的アイデンティティを享受する機会に乏しく、朝鮮学校においては、国の教育カリキュラムに従っていても補助金はもとより大学受験資格すら奪われていることに懸念を表明している。そのうえで当委員会は、言語的マイノリティが相当数就学している公立学校の正規のカリキュラムに母語による教育を導入すること、朝鮮学校への財政支援並びに大学受験資格の付与を勧告している。

「国連・子どもの権利委員会」も二〇〇四年一月の第二回「総括所見」で、アメラジアン、コリアン、部落及びアイヌの子どもやその他のマイノリティ・グループの子どもに社会的差別が依然として強く残っていることに懸念を表明しつつ、このような社会的差別と闘い、教育・啓発を徹底させるためにも、あらゆる積極的措置をとることを勧告している。そのうえで、一部の歴史教科書が、不完全または一面的であることを指摘しつつ、教科書を通じてバランスある見方を提示するよう、教科書の審査手続きの強化まで勧告している（全文はインターネットで確認可）。

これらの条約の拘束力であるが、条約発効後は一年以内、その後は二年ごとに、国内における条約の実施状況に関する報告書を国連事務総長に提出し、同条約の実施を監視する「人種差別撤廃委員会」の審議を受ける義務を負う。しかし実際には、スタッフの関係もあり、数年分まとめて行うことも多い。また当然、条約を批准した国家としての道義的責任を負う。

本書をほとんど書き上げた頃、ジュネーブで「人種差別撤廃委員会」により先の二〇〇一年三月以降の日本の状況報告に関する審査が行われた（二〇一〇年四月）。ちょうど高校無償化の対象から朝鮮学校をはずす動きがあったときなので、関心ある人には周知のことと思われるが、〇一年の審査で指摘されたほとんどのことに前進がみられず、やる気そのものすら問われる厳しい内容になっている。

たしかに、ミャンマー難民の第三国定住への取り組み、〇八年のアイヌの先住民族の承認等前進はあったとしつつも、被差別部落のプライバシーの侵害、アイヌの言語や文化の権利保障、さらに在日韓国・朝鮮人や中国人学校の差別的な待遇に関する指摘は、九年前と同様の指摘を受けている。勧告内容が、九年前と同じもしくはそれより後退しているというのでは、世界を納得させることはできない（人種差別撤廃ＮＧＯネットワーク）。

批准した国際条約に伴う責任

日本政府は、国際条約締結に伴う責任を重く受け止めているとはいいがたいが、すでにそれでは済まされないことがおきている。それは、日本の法律で権利が保護できない場合、国際条約に基づき原告を勝利に導くことが可能になっているからである。

好例は二風谷ダムに関する判決である（常本、二〇〇〇、四四頁）。札幌地裁は、アイヌの人々の伝統的な生活文化を守る根拠として、日本の法律にはないが、日本政府が批准し締結している「国際人権規約」の自由権規約に基づいて、ダム建設の違法性を認めた。たしかに同規約二七条では、国内に種族的な少数者などが存在する場合、これらのマイノリティが固有な文化を享有する権利は否定されないとしている。札幌地裁は、さらに憲法上においても一三条の個人の尊重や国際協約は誠実に実行するとうたっていることなどを忖度し、アイヌを先住民族と認め、その固有な文化の享有を認めたのである。

現実に建設が始まっているダムの撤去までは求めなかったため、政府は、実をとり名を捨て上告しなかった。したがってこの判決が下された一九九七年時点で、日本は多文化・多民族社会として認知され、かれらマイノリティの種族的のみならず、宗教的、言語的文化を享有する権利も承認されたのである。二〇〇八年は、洞爺湖でサミットがあり、政府もアイヌを日本の先住民族であることをより積極的に認めたが、裁判上アイヌの先住民族性なりその文化を享有する権利はこのときに認められていたのである。国際条約が、国内法で立ちいかなかった問題を突破させた例である。

このようなことは、一九九〇年の改正入管法施行以降にやってきたニューカマーへの差別問題にも効力を発揮している。ニューカマーもまた自分たちの権利や差別が起きたとき、日本の国内法ではなく国際条約に基づいて訴訟を起こしているからである。象徴的な事例は、浜松市で起きた人種差別事件である（一九九八年六月）。

ことの起こりは、日系人の夫と結婚し浜松にやって来たBさんが、市内の宝石店を訪問したことに始まる。店主がどこの出身かと聞いたのでブラジルと応えると、店頭の「外国人の入店は固くお断りします」の張り紙をみせて即刻出て行くように指示したのである。今では考えられないことではあるが、当時――といってもわずか一二年前に過ぎない――、よく起きたことだった。

腹の立ったBさんは、弁護士に相談して裁判に訴えようとしたが、残念ながら日本には、人種差別を禁じた法律がない。弁護士に聞いてもこの種の裁判を提訴して原告が勝てる法律は日本になかった。そこでBさんは、日本国内の法律ではなく国連を舞台に日本も締結した「人種差別撤廃条約（あらゆる形態の人種差別の撤廃に関する国際条約）」を楯に争うことにしたのである。

この時点で、担当の弁護士もこの種の国際条約を日本が批准していることは知らなかったし、この種の国際条約違反で勝てるとはもっと信じられなかった。訴訟に発展した時点では、多くの日本人も国際条約違反での勝訴を予測した人はいなかったし、そもそもこのような国際条約を批准していることと自体、大半の日本人は知らなかったのである。

しかし一年四カ月後の判決は、日本が批准し締結した「人種差別撤廃条約」に違反したので、被告に損害賠償として一五〇万円を科すという、原告の一方的な勝利だった。この時点で多くの日本人が、批准した国際条約にはそれを守るべき義務と責任が伴うことをはじめて知らされたのである。

裁判が始まると当然、和解案も提示されたので、担当弁護士とそれをのむかどうかで激論が交わされた。弁護士は国際条約などで勝てるとは思えなかったので、和解案が提示された時点でそれに応じることを勧めたのである（担当弁護士へのインタビューによる）。しかし、当時は外国人というだけでプールの使用が禁じられたり、電気店への出入りを断られることが各地で起きていた。差別されているのは自分だけではない、そのほかの多くの外国人のためにもという揺るぎのない信念と当面の資金を工面できたことが、裁判の続行を可能にし、横行していた外国人差別に警鐘を鳴らす判決になったのである。

小細工許さない判決

日本もEU諸国とまではいかないまでも、憲法をのぞいては国内法が至上の法ではなく、すでにその上部に国内法を規制する国際法の存在を自覚すべき時期を迎えている。法のグローバリゼーションも刻々と進行しているのである。このことは、日本国憲法九八条二項で「日本国が締結した条約及び確立された国際法規は、これを誠実に遵守することを必要とする」とうたっていることからも当然である。日本社会には、ＥＵに相当するものがないとはいえ、世界との間で締結された国際条約が、日本人の行動様式に影響を与え始めている。

前の判決には、注目しておきたいことがいくつか含まれている。一つは、この種の国際条約の内容は、国や公共団体に課せられるもので私的な個人間には及ばないとされていたのが、「あらゆる形態の人種差別の撤廃を目的とした国際条約」の性格にかんがみ、間接的ながらも私的な人間間にも適用したことである。外務省が、「同条約の実施のために、新たな立法措置を必要としない」と判断したにもかかわらず民事訴訟にまで適用したのは、画期的といえる。二条のａ並びにｄでは、「個人・集団または団体による」人種差別に対し「締約国は、すべて適当な方法（状況により必要とされるときは立法を含む）により」これを禁止し、終了させるとあるが、これが裁判所でも踏まえられたのである（『解説条約集』及び『中日新聞』一九九九年一〇月一三日）。

二つは、たとえばゴルフの会員資格のように被告の客を選ぶ権利や営業の自由よりも人種差別の違法性を強調したことである。三つは、この判決がきっかけとなりこの条約を遵守するための条例や国内法を整備しなければならなくなったことであり、「女子差別撤廃条約」などにも影響を与えている。四つは、この条約は人種差別についてのものであり、国籍差別は含まれないと政府は考えていたが、そのようないいのがれも通用しなかったことである。

国際条約の日本の司法界への影響は確実に高まっており、ほかにも有名なものに、二〇〇五年三月の中国残留孤児の連れ子に対する福岡高裁の判決がある。同判決は、血統的なつながりのない子どもの在留を実子と偽って入国した非は認めつつも、現実には家族同然の生活をしていた事実を尊重し、一審の退去処分を違法としたのである。同「国際人権規約」の「市民的及び政治的権利に関する国際規約」(「国際人権規約」B規約)の二三条には、「家族の保護及び婚姻の権利」が保障されており、高裁は、血のつながりのみならず、家族生活の実態を重くみたのである(『朝日新聞』二〇〇五年三月八日)。

この判決を踏まえ、法務省も在留要件に家族としての生活実態を尊重することにし、上告をしなかったばかりか、のちに中国残留孤児の養子が日本に在留できる資格「六歳未満」を見直すことにしたのである。これもまた批准し締結した国際条約が、徐々に司法界に影響を与えている例といえる(『朝日新聞』二〇〇五年四月二六日)。

これらはいわゆる国際法規の国内法への間接適用といわれるものだが、近年は、間接適用などという形式的なものではなく、直接適用の研究もなされてきており、憲法との関係はあるものの、今後は世界のグローバル化とも関係し国際法規の実質化の動きも強まると思われる。

ほかのエスニシティへの影響

こうした勧告との関連で注目しておきたいのは、新たな問題が生まれていることである。教育でみればそれは、ニューカマーの子どもの問題である。世界同時不況で日系人の子どものなかには、エスニック学校が閉鎖されたり、授業料が高くて通えない、日本語もわからないので公立校にも行けないなど、新たなタイプの不就学児童・生徒が生まれている。

ある外国人の多い自治体をみると、エスニック学校の児童・生徒が激減したのに、地域の公立校の児童・生徒はそれほど増えていない。帰国者はいるが、それでも失業保険で糊口をしのいでいる人の方が多い。親が失業し、次の仕事がみつかるまで子どもが家で急場をしのいでいる、新しいタイプの不就学の出現である。

各種学校に対する国の現行法は、日系南米人の学校には厳し過ぎ、ようやく県レベルで独自の取り組みがなされ始めている。その甲斐あって、一部のエスニック学校が各種学校として認められたが、現時点ではこれらはあくまでも例外に属する（二〇一〇年八月時点で一二─一三校）。そのため学校経営上、税制面で不利な状況に置かれていることはもとより、児童・生徒もまた、学割が使えないなど、種々の困難に直面している（佐久間、二〇一一、一五五頁）。

かれらは、以前の在日韓国・朝鮮人にも似た状況に置かれているが、政府が本腰を入れないのは、やがて帰国すると思われていたからである。しかし、帰国は神話となるだろう。現在は、大変な不況下にあるが、日系南米人の数は思ったほど減っていない。たしかに一九六一年に年間の外国人登録者数の統計がとられて以来、一貫して右肩上がりだったのが、〇九年末に初めて前年末より三万一三〇五人減少した。これはそれだけ現在の金融不況が、近年例をみない規模のものであるということを示している。

国籍別でもブラジルの減少が大きいから、地方の製造業の落ち込みがわかる。しかし、〇九年末の外国人登録者数でみると、ブラジル人は前年の三一万人台から二七万人弱に減少（前年比一四・四％減）しているが、ペルー人は五万九〇〇〇人台から五万七〇〇〇人台に約二〇〇〇人減少（同三・八％減）しただけで、南米のこの二国だけでも三二万五〇〇〇人の人々がいる。定住外国人が減らない理由は、出入国管理上本人が出国しても在留期間内は帰国者として計算されないことを別にすれば二つある。

一つは、長期滞在中には、母国の産業もまたＩＴ化等刻々と変化しており、帰国してもその変化についていけない人を大量に生み出す。受け入れ国で単純労働などに従事し、滞在が長期化すると、帰国にはその分失業のリスクも増す。それを別にしても、長期滞在後帰国した例は、難民や定年退職後でもない限り少ない。

二つは、単に経済的な理由ばかりでなく、子どもの教育、成長からも帰国しにくくなる。長期滞在者には、家族と一緒の者が多い。子どもは刻々と受け入れ国の影響を受けており、言語ひとつとっても送り出し国の文化と乖離していく。帰国後、祖国の学校についていけなかったり、落第する例は、決して他人事ではないはずである。

在日韓国・朝鮮人の例がこれを証明する。かれらのなかでも長期滞在者の多くは、目と鼻の近距離でも帰国を選ばない者が続出した。地球上の反対側に位置する日系ブラジル人が、長期滞在後、とりわけ同伴した子どもや日本で生まれた三世、四世たちが、そう簡単に生まれ育った国と文化も風土も異なる「祖国」に帰るとは思われない。すでに現在の不況でも、帰国を選ぶ親と「異国」を渋る子どもとに溝が生じ、揺れる家族が多数生まれている。

特に日本の学校を選択し、「母語」を話せない、あるいは喪失しつつある子どもにとっては、親の祖国はむしろ「外国」である。現在、帰国している子どもは、帰国し始めた時期にもよるが、エスニック・スクールに通っていた子どもが多いのではないだろうか。親も子どもの将来を考えれば、帰国は納得しやすいものと思われる。日系人にとって日本でエスニック学校に入れるということは、帰国時にスムーズに母国の学校に接合できるからで、日本にいては意味がないからである。

以前なら親にインタビューをすると、将来は帰国の予定と答える者がたしかに多かった。しかしこれはほかの要因の方が、すなわち現在の劣悪な仕事の内容と社会保障面で将来展望を描けないことが大きく関係している。この現在の「みじめさ」と将来への不安が、滞在を一時的なものと思い込ませ、現在の境遇を辛抱・納得させている。しかし帰国しても仕事はないので、現実には、ズルズルと日本への定住を余儀なくされている。特に世界不況期に入り、失業しながらも在留を続けている人は、日本定住を決意した人とみて対策を講じた方がよい。

かれらが来日したのは、一九九〇年の改正入管法施行によってである。このときかれらは、三世まで「身分」や「地位」という血統的な理由で入国が認められた。すなわち日本で従事できる二七種類の仕事や資格に関係なく滞在し、働く権利が認められたのである。かつての移民国の伝統的な理念に従い、日本は受け入れの時点で永住なり定住は想定していないとして、あくまでも移民労働者ではなく外国人労働者として扱っているが、仕事の内容や資格が問われるわけではなく、外国人労働者に原則禁止されている単純労働にもつける限りで、実態は移民労働者と変わらない。

以前の国連事務総長報告書やＯＥＣＤの報告書では、一二カ月以上自国を離れて生活する人を移民として分析の対象にしている。すでに五年、一〇年と日本で生活しているかれらは、決して帰国が前提にされる「お客さん労働者」、ガストアルバイターではなく、定住、永住の移民労働者である。むしろかれらは、その居住形態からみて世代を超えて二世、三世の代に親元に帰国してきた帰還労働者とみることも可能である。となると、かれらの「社会統合」並びに子どもの教育保障は、急を要する課題であり、やっと日本の学校にも慣れた子どもたちを泣く泣く帰国させるようなことは、本来、あってはならないことである。

すでに日本は、帰国支援に関し苦い経験をもっている。一九五〇年代、激しい差別がもとで日本で生きる展望のもてなかった多くの在日朝鮮人を、さして調べもせずに地上の楽園、祖国復帰、社会主義建設という世紀の大事業への参加という形で北朝鮮に送り返した。かれらの帰国がいかに悲惨な結果をもたらしたかは、その後の歴史が語っている。今回のニューカマーの帰国支援事業にも、時代を超えて疑問をもたれた方も少なくないだろう。

現在の経済不況は、一〇〇年に一度の世界不況といわれており、南米の経済も例外ではない。もう少し早く、日系人に対し実態に合わせて移民としての対策を講じていれば、あたかも「厄介者」を帰すかのように、お金まで払って帰国させることはしなくても済んだのではないか。少なくともこの問題の陰で、日本で生まれ、あるいは日本の学校に慣れながらもほんろうされ続けた子どもの存在を忘れてはならないだろう。

国際機関も事態の推移を注視している。

コラム⑥　一国史観から世界システムへ

こんにちの地球規模での各国間の一体化は、いつ頃から始まったのだろうか。ウォーラーステイン（Wallerstein, I. 1930-）は、近代世界システムの起源を一六世紀にみている。一六世紀は、前世紀末にコロンブスによる西インド諸島の発見があり、それに勢いづいてマゼランやガマの世界一周や新大陸の発見等大航海の行われた時代である。ウォーラーステインの魅力は、これまでわれわれの頭を支配してきた一国史観からの脱却、その意味では世界単位に社会をみる視点だろう。

資本主義社会が世界的につながる傾向性を内包させていることは、マルクスがいち早く洞察していた。かれの時代、システムという概念は科学的に確立していなかったので、システムに代わるものとして市場が概念としては使用されているが、内容的には重なる。ただマルクスとウォーラーステインには、重要な差がある。それは、国民国家が成立して各国家間の交易がやがて地球大に広がり世界のシステム化が起きるのか、あるいは世界システムが形成されて、その中心部で近代の国家形成がなされたかの認識の違いである。マルクスは前者である。

一八五七―五八年の『経済学批判要綱』で、かれは自分の経済学研究の方法についてふれている。それは六つの段階にわけられ、資本、賃労働、地代の研究に続いて、国家によるブルジョア社会の総括、外国貿易、世界市場を取り上げるというものである。明らかにここには、資本主義経済は国家という法的・政治的外皮によって統括されて他国に対峙し、今度は相互間で交易がなされて、やがてはこれが拡大されて世界市場が形成されるという視点が濃厚である。比喩的にいえばはじめに部分があって、部分間のつながりが全体を形成するのである。

これに対してウォーラーステインは、はじめに全体があるとする。その全体のなかで有利な地位を占めた中枢部で、資本の強蓄積と国家形成がなされるのであり逆ではない。よく知られる通りかれの研究は、アフリカから始まった。かれもまたアフリカの産業化なり、近代化を夢みて研究していたのである。しかしその芽すら、アフリカに見出すことはできなかった。その原因を追究していくとアフリカの貧困は、アメリカやヨーロッパの外部世界と構造的に連関していることに関係しているのである。

アフリカは全体ではなく世界システムの一部であり、アフリカが貧しいのは、世界システムの構造連鎖によるものであり、システムの一部の貧困は、システムのそのほかの部分の豊かさとの関連で分析されなければならない。有為な人材も貴重な資源もアフリカにとどまらず、先進国に吸引される構造がある。

この点イギリスで産業革命が起きたのも、イギリス人なり白人が、キリスト教徒として勤勉な労働倫理の持ち主だったから他国に先んじて産業革命に成功したのではない。そのときのシステムの中心にあった国が、周辺から富を奪って基礎を整えたからである。全体のなかで利益を独占できる有利な位置にあった国が、国家形成へと進むことができたのである。

マルクスの場合には一国史観が濃厚であり、先進国は後進国に未来図を与えるという、途上国もやがては先進国と同様の軌跡を通るかのごとき言質を与えることになる。「やがて」の時間的幅をどのようにとるかにもよるが、現実には、グローバリゼーションのもとで「やがて」を待てずに多くの途上国から労働力移動が生じている。これが、現在進行している事態である。

ウォーラーステインの世界社会論の影響もあり、現在は、世界各国は個々独立した集積としての全体ではなく、お互いが他国に依存しあう部分として把握され、各国の豊かさも貧しさも他国との関連で、世界との連関で分析されるようになっている。しかも二一世紀のこんにちみえはじめているのは、世界システムの内部で各国民国家が衰退の時代を迎えていることである。EUなどに顕著なように、国家連合という新しい時代が始まっている。

これは、従来までの一国史観、一国主義の時代が終わり、国家連合の時代、多国史観、世界社会の時代を迎えていることを物語る。どの国でも非政府組織が無視できない力をもち始め、それらが国境を超えある種のつながり、普遍性をもつ限りで、これは「新しい中世」の復活でもある（田中、二〇〇〇）。古い中世の時代の連合の原理は、宗教や文化であるが、「新しい中世」の時代の連合の原理は産業であり、人の移動・市民どうしのつながりである。

7章——国家によらない交流する市民

トランスナショナルな「市民」の連携

グローバリゼーションは、しばしば国境の衰退・消滅として理解されることが多い。しかし、グローバリゼーションは、決してローカルなものを消滅させない。あらためていうまでもなく、グローバルな動きは、かえってローカルなものを活性化させる。

冷戦崩壊後、多くの地域で民族紛争が噴出しつつあるのは、地域の文化や伝統が、グローバリゼーションによって侵食されていることに対する危機意識の現われでもある。この動きは、ときにナショナリズムともなって現われるが、社会主義国をも崩壊させていったグローバリゼーションの流れは、その対抗としての砦（宗教や言語、文化、民族などであったりする）をもいろいろ変化させながらこれまでとは異質な運動を生み出す。その意味でグローバルな動きは、新たな境界も創出する。

たとえばイギリスでは、前にもましてスコットランド独立運動が注目を集めている。ウェールズにもスコットランドほどではないまでも、そうした動きがみられる。もともと1章でもみたように、イングランド、ウェールズ、スコットランドという民族的にも文化的にも異なる地域が、共通の「国民意識」としてのブリティッシュネスの形成に向かったのは、かれらよりもさらに異なるスペイン、フランスを意識してのことだった。それだけにかれらは、ブリティッシュネスといっても、もともとエスニシティも言語、文化もそれぞれ異なるのである（二〇一一年のセンサスからナショナル・アイデンティティの設問が加わる予定である。チェック項目は、四つの地域プラスブリティッシュとその他である）。

リンダ・コリーがいうように、国民とは決して均質的な集団ではない。イギリスの場合、この異質な人々や地域をかろうじて結びつけたのが、カトリックよりは共通しているプロテスタントと戦争であり、その恐怖を通して共通の国民意識が創出された。そのスコットランドやウェールズが、近年とみにイングランドに距離を示し独立の動きをみせているのはなぜか。これには、グローバリゼーションとも連動しつつEUの動きが関係している。

一つは、かつて自分たちプロテスタントの共通の宿敵フランスが、自分たちと同じくEUの中枢国となり、共通の運命下に入って侵略の危険性がなくなったこと、この理由は非常に大きい。戦争への恐怖こそが、イギリス「国民」としての統合へと踏み出させた最大の原因とみるならば、フランスという敵国が存在しなくなったことは結びつける理由もなくなったことを意味する。

第二は、スコットランドもウェールズもイングランドと一緒に行動しても、かつてのような利益が得られなくなったことである。「内部」に差があっても、「外部」が多くの益をもたらす間は内部の差は問題にならなかったが、外部の喪失とともに植民地からの収益も消滅するにつれて、内部の差が気になりだしたのである。内部を結束させるものが外部との差であり、金の切れ目が縁の切れ目なのである。一緒に行動してもさしたるメリットがなくなるにつれて、自分たちはもともと「やつら」とは異なるのだという記憶がよみがえってきたのである。

グローバリゼーションは、一方で「経済の脱国家化」をはかりつつ、他方では「政治の再国家化」をも促進させる。既存の境界の衰退に応じて、新しい境界も創出される。EUは、国家にこだわる時代の黄昏を演出する半面、その内部では地域の新しい国家化運動をも激しくかきたてる。

第三は、ギデンズがいうようにグローバリゼーションが国境をまたにかけた市民社会、市民連合を促進させることである。たとえば、スコットランドやウェールズはもとより、イングランド各地域にも、大陸の各地域団体と協定を結んで国境を越える形で新たな地域関交流が生まれている。海峡を隔てたイギリスがこうであるから、大陸諸国では、フランス、ドイツ、スイス、リヒテンシュタイン等国境沿いに踵を接する地域間交流が盛んである（interreg program）。こうなるとこれまでの国境の意味もある面で薄れ、国家中央からの影響が減退する領域も生まれる。

中央のガバメント（政府）より、同じ地域の共同統治としてのガバナンス（説明責任）の方がより身近に感じられる事態の進行である。機械的に同一国に属しているというだけの遠い政府より、歴史も地理も共通の記憶においても近い地域の共同事業の方が、より現実味をもつのである。

深まる日本各地と近隣諸国の関係

ＥＵならずとも日本でも市民の国境を越えた交流は、ダイナミックに始まっている。北海道の諸都市とロシアのビザなし交流は、その一例である。稚内とサハリンやウラジオストック、根室と国後島などでは草の根レベルでの人の行き来がある。冷戦時代には考えられないことであり、国どうしの領土問題は未決であるが、隣接している市民どうしではお互いの文化や伝統、料理を解して理解を深める試みが始まっている。草の根レベルの交流蓄積がなければ、国レベルでの調停も困難であるし、限界もつきまとう。

こうした市民どうしの交流が深化・持続していけば、札幌のような道内の中枢都市は、国境を越えた北東アジアの新しい交易圏の中心都市として、その役割はさらに重要なものとなるだろう。

一方、日本海を囲み朝鮮半島、中国、ロシアと近接する富山県には、一〇年前から日本海政策課が設けられ、地元の大学とも協力のうえで、これらの地域の人の移動のみならず、動植物や気候、風土、地理的状況に至るまでの研究、交流の促進がはかられている。日本側の富山隣県との共同連携や韓国、中国、ロシアとの共同研究及び定期交流等今後の課題も大きいが、地域の独自性に根差したトランスナショナルな交流空間の萌芽である。

すでに富山県庁には、中国、ロシアから自治体職員が派遣され、県庁内に期間決めで配置され、職員が働いている。二―三年で交代し、その職員が帰国すれば、他の職員がまた派遣される。同様の職員の派遣は、日本から中国、ロシアのハバロフスクにも行われており、日本海沿岸の都市間でも、自

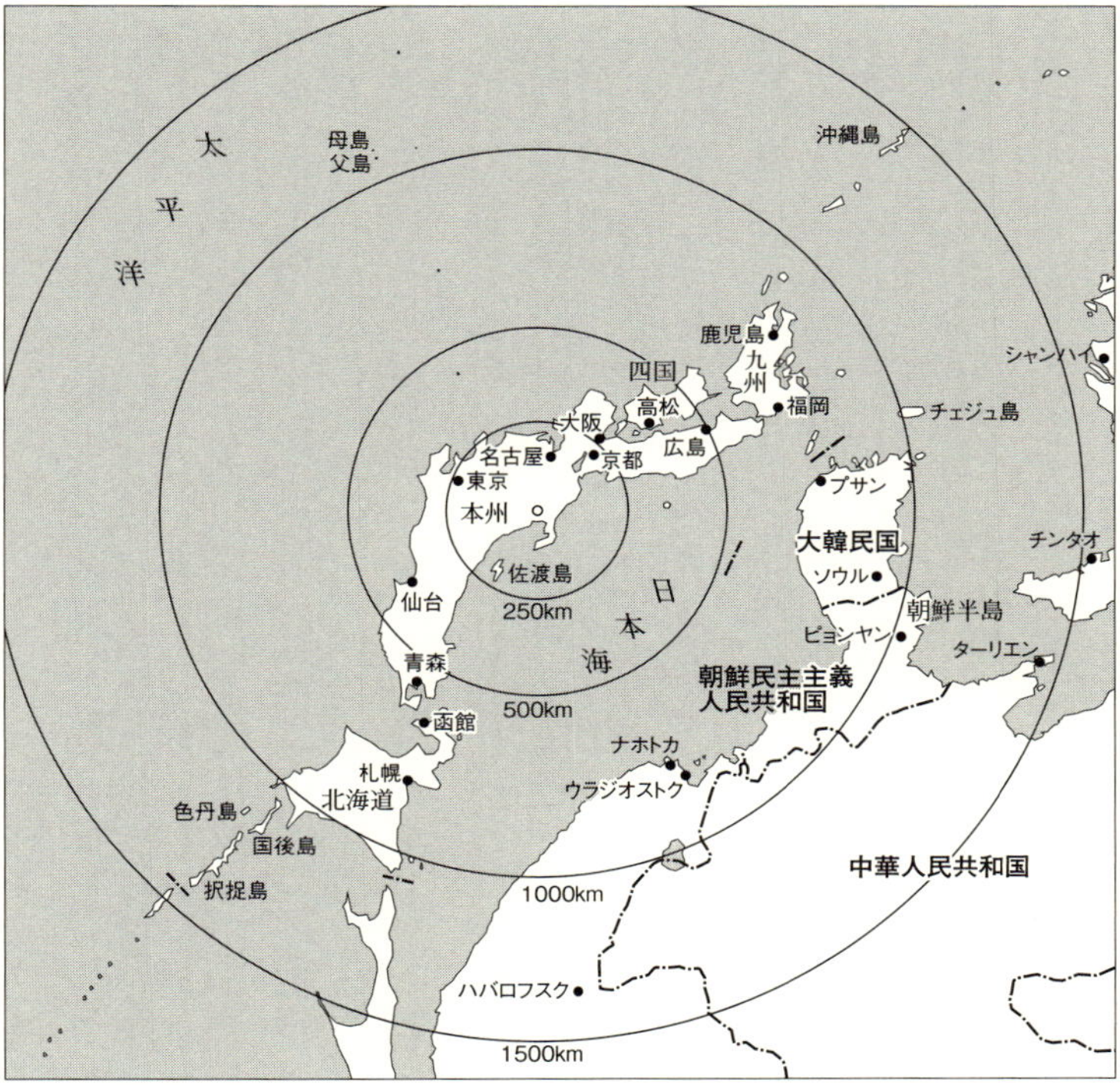

図 1　「環日本海諸国図」（企画・富山県）を参考に筆者が手を加えた地図

治体間で確実に交流の度合いは深まっている。

同政策課は、富山県を中心に日本海隣接地域の独自の地図を作製しており、それは日頃われわれの見慣れている地図とは異なる日本海を間に、日本がさかさまに映っている地図である。富山県並びに日本海を中点にみた場合、何が新たにみえてくるのか、発想の転換による地域の可能性の追求、挑戦がみえてくる。

富山県にはもう一つ外国人の特徴がある。ロシア人とパキスタン人が多いことである。たとえば富山市には、〇九年一〇月末時点で、五三九一人の外国人がいる。内訳は、中国人二四七四人、韓国・朝鮮八三〇人、フィリピン人六四一人、ブラジル人四三三人、ロシア人二三二人、パキスタン人一〇四人である。なぜパキスタン人が多いかといえば、以前富山に寄港したロシア船が、帰りに中古車を積んで帰国することに目をつけた販売業者がいるからである。現在は、ロシア側が国内の自動車産業を守るため日本からの自動車に関税を課すようになったため、商売としては成り立ちにくくなったが、それでも一部のパキスタン人は残っている。

これらの例は、国家の力は依然として強大であるけれど、それでもトランスナショナルな市民の地域の特性を生かした交易・交流がさかんなことを示す例である。

沖縄が、古くから南方に独自の文化的かつ経済的な交流圏を形成していたことは有名である。北朝鮮をめぐる緊張が緩和され、さらに台湾と中国の関係も改善されれば、沖縄は、南の国境を越えた経済交流の拠点になる可能性を秘めている。すでに〇九年四月に、台湾東部の花蓮、宜蘭、台東と沖縄八重山諸島の石垣島、竹富町、与那国町の間で観光経済圏、国境交流推進共同宣言がなされて、住民間の直行交通網の整備並びに留学生の交流の促進などが取り決められている。日本側からは、今後毎年高卒の二名を台湾の大学へ留学生として派遣し、四年間学んで卒業後は、沖縄の地域に戻って国際交流に貢献することが求められている。

これらの日本各地の例は、ＥＵと比較するなら、日本及び近隣諸国の国家の壁はまだまだ厚いものの、他方でトランスナショナルな人々の交流は確実に進行しており、国境を超える市民の動きは、留まることのないところまできていることを示している。

グローバリゼーションの大きな影響の一つは、本来、ナショナルな領域のものがまさにグローバルな波に乗ってリージョナルなものに変質しつつ、国境を越えて連合することにより国家の役割を相対化、再定義させる点にあるともいえよう。

こうして、市民としての交流が古い境界を衰退させつつ新しい境界のもとで活発になると、ここでも市民としての権利の問題が浮上する。すなわち、国民だけが国家を形成するのではなく、このような越境市民もまた地域の構成員としての住民になるのだ。目下ＥＵ諸国で進行しているのは、この事実である。

ポストナショナルな市民権

そもそもこんにち、マーシャルの市民権が脚光を浴びたのは、前著でもふれたが大きく二つある（佐久間、二〇〇六、二五一頁）。一つは、社会福祉の進んでいたイギリスで、サッチャー（Thatcher, M. 1925-）前首相の改革以降、福祉の切り崩しがおき、望ましい福祉のあり方を議論するうえでマーシャルの市民権論が取り上げられたこと、二つは、福祉とは異なる外国人労働者の問題と絡んで、このアウトサイダーにも成員としての完全な権利を保障することの必要性が主張される文脈でシティズンシップの問題が議論されている。

本書で注目してきたのは、後者の意味である。すなわち、労働力の国際移動の時代を迎え、国民でない人の権利をも保障する手段として、また民主主義の時代に、たとえ国民以外の人でも社会成員としての基本的権利を認める方法として、あるいは国家の相対化により、国民であり続ける意味が低下し、多くの国家を渡り歩くグローバルな時代の新しい個人への権利付与の問題としてである。

たしかにこんにち、人の移動が激しくなり、人は、生まれたところで成長し、教育を受け、そのまま仕事をして老後を迎えるとは限らない。換言すれば人は、国籍のあるところで生涯、生活を送るとは限らない。このことが、定住外国人にどのような権利を保障するか、グローバリゼーションの時代にはことのほか重要となる。活動している他国で、国籍まで取得せずとも自由な市民としての権利は欲しい、そうでないと仕事や生活に支障をきたすことはよくある。そのような活動している国家のメンバーシップとしての権利と義務にかかわるものが、シティズンシップなのである。

このような意味でのシティズンシップとは、デニズンシップの問題でもある。デニズンシップの機能として、成員に平等なシティズンシップが付与されることにより、各自が当の社会の等しい構成員としての自覚も生まれてくることがある。つまりデニズンシップは、自己が所属している社会の等しい構成員としての自覚を高める「統合」の機能をももっている（一三一頁も参照）。

このことは、住民統合の性格が、以前の血統的なものから定住歴や地域構成員としての資格に代わってきていることを物語る。T・H・マーシャルは、シティズンシップを血統という虚構的なものとは異なる、「共有財産である文明への忠誠心に基づいて、共同社会の成員であると直接に感じる感覚」であり、「それは、権利を認められ普通法によって保護される、自由な人々の忠誠心」（Marshall and

Bottomore, 1992, 五二頁）だと述べている。

現在、外国人労働者との関係で多くの国でデニズンシップが注目されているのは、市民としてのメンバーシップとしての権利・義務を基盤に、それによるシティズンシップのもつこの「統合」としての機能ゆえである。そうなると市民権もナショナルなものを前提にした市民権ではなく、ポストナショナルなものの前提が不可欠である。日本でもこの本格的な議論の段階を迎えている。

日本が批准している「国際人権規約」や「子どもの権利条約」、あるいは日本国憲法にもある基本的人権に関する考えは、国民による権利というより、自然法に起因した自然人としての人間固有の権利である。現在、こうした権利が問われているということは、人間固有の権利とは、本来国家単位で考えるものではなく、世界なり国際社会単位で考えるものだということでもある。しかし理論上はともかく現実には、世界は多くの国境により国家ごとに分かれている。となると、本来の理念を実現する過渡的措置としても、国民としての権利ではなく、地域で生活する人間、すなわち市民としての権利も重要になる。

これまでの日本は、国籍万能の国である。たとえ（特別）永住者であっても選挙権は付与されず、参政権が欲しいなら帰化して国籍を取得せよというのが、国家の基本的立場であった。しかし、本格的なグローバリゼーションの時代を迎え永住なり定住外国人が増大しつつあるこんにち、国籍によらずともかれらの市民としての権利をどのように認めていくかは、かれらの居住地域での義務の観念とひいては真の「統合」の意味からも、二一世紀初頭の避けられない課題である。

モデルなきアジア

ただしこのように主張することは、日本を含む東アジアもEUのような連合体を組織し、人の行き来を自由にし、かれらに共通の市民権を付与することを意味しない。しばしば東アジア共同体の構想が説かれているが、東アジアとEU加盟国には、現実的に大きな違いがある。前にイギリスとアイルランドの関係が改善されたのは、二国間の努力というよりは、EC、EUの多国間にわたる相互交流によるところが大きいと述べた。二国間ではこれまでのいきさつがあまりにも過酷であったためスムーズにはいかなかったが、多国間になったことで困難な問題も氷解していったと述べた。日本と韓国にも類似の要素が多く、二国間の努力だけではなく、東アジアをまたにかけたEUのような交流が必要であろう。

いうまでもなく昨年二〇一〇年は、日韓併合条約一〇〇年であった。しかし今なお韓国はもとより中国も含めて、日本と近隣諸国とのわだかまりは氷解していない。それが証拠に、これらの国へ侵略する際、日本人の精神的支柱になったとされる天皇の朝鮮半島の訪問すら、まだ機が熟していないとされている。このような状態は隣人としてあまりに不自然であり、よりストレートに過去への恨みやメンツがでてしまう二国間交渉の限界ともいえよう。憎悪のエスカレートしていない国が間に入り、東アジアの多国間にわたる交流が行われれば、当事国どうしの関係も緩和されよう。

しかし東アジアがEU化するには、北朝鮮の問題をはじめ波乱要因が多すぎる。中国も、漢族主体の国とはいわれても、清王朝は実際は「満州族」が統治していた国であり、五族の中国と昔からいわれる通り、複雑・微妙な民族問題を内包している。五族のどれをとっても帝国や国家になりうるような大民族であり、東アジアにこのような超大国が含まれている意味でも、EUは東アジアのモデルにはなりにくい。

現代は、グローバル・シニサイゼーションの時代ともいわれる。世界の中国化（漢族化）の時代という意味である。二〇一〇年五月の時点で東京大学の全外国人大学院生に占める中国人修士、博士の割合は、ほぼ三人に一人であり、これに大学院研究生も含めると大学院関係だけで総数八〇〇人を突破する。ほかにも都内のある私立大学では、中国一カ国で学部生、院生の総計は一〇〇〇人を超えている。いずれも台湾を含まずにである。

たしかにイギリスをみていても、経済活動はもとより留学生でも中国人の活動が目覚ましい。北アイルランドは、ノース海峡を隔ててグレート・ブリテン島とは異なるエスニック構成を示しているが、ここでのエスニック・マイノリティ中最大のマジョリティは、インド系でもなければカリビアンでもなく、中国人である。

かれらのコミュニティをみていると、中国という国家単位のまとまりはほとんどみられない。それより一般的なのは、宗族や言語を中心とした血縁的な結びつきである。これは送り出し国があまりに広大で、先ほど述べたように五族そのものが、それぞれ国家を形成しても何ら不思議でないほどに異なる歴史や強大な力をもち、エスニシティも違うからであろう。

なにしろ中国一国の総面積は、台湾を含め九五九万七〇〇〇平方キロメートルであり、EU二七カ国四三四万平方キロメートルの二倍以上に相当する。東アジアには、EUに相当する国境を越えた人の移動の自由はないけれど、中国一国のなかでも宗教、文化、エスニシティ、地域言語の異なる複数国に相当する人々の移動は始まっている。このような大国が、日本の隣国に控えている。これはEUにない要素であり、重要な差異と思われる（佐久間、二〇一一、七一頁）。

となると、むしろアジアや日本で有効にして現実的なのは、自由貿易協定（FTA）なり経済連携協定（EPA）のような二国間交流を個別に深めていくやり方である。グローバリゼーションの問題に国際法の観点から考察を加えているグンター・トイブナー（Teubner, G.）は、今後、境界の重要性が増すとすれば、それは国境ごとの境界よりむしろ産業分野別の境界性が増大することの方だろうという（マルチュケ／村上、二〇〇六、三頁）。

これにしたがうなら、グローバリゼーションという世界の動きのなかで進行している事態は、単なる国境の消滅ではなく、産業分野別の新たな境界の創出、分野別に国家を超えて創りだされるものの緊密な連携、国家を超えた各分野の合理性の追求である。ここからかれは、ルーマン（Luhman, N. 1927–99）の機能的な専門分化論に立って「法の分立化（Fragmentierung）」という帰結も導き出している。

日本もインドネシアから看護師や介護福祉士を迎え入れているように、専門領域は容易に国境を超え、分野別に国家にはよらない緊密な連携を構成し、独自の合理性を追求するものである。もちろん現下の看護師や福祉介護士の受け入れ施策、特に日本での資格試験に関しては問題があるが、ここでは立ち入らない。注目しておきたいのは、専門分野が容易に国境を越え、独自に連携し、国家とは別個に新たな合理性を追求する現代の傾向性についてである。

そうなると産業の成熟度の異なる東アジアでは、人の自由移動を想起させるような共同体構想――たしかに日本政府はこれに慎重であるが――より、高度な技術をもち専門分野別に入国してきた外国人を滞在期間を定めて受け入れ、望む者には帰化や永住権を認めていくやり方の方が現実的である。そのうえで、帰化を望まない永住市民や定住者にどのような権利を付与するかで、日本の市民権のあり方が問われることになる。

大阪市生野区は、〇七年末時点で人口の二四%を外国人が占めている。また群馬県大泉町は、同じ時期で外国人人口が一六%である。これほど多くの外国人が地域社会の構成員になっているのに、地域の重要な生活に関することを決める際排除されていいのだろうか。永住者のなかにも、自国の国籍を失いたくない人はいるはずである。二重国籍を認めていない日本では、そのような場合、一切の地域の施策に関与する手段が断たれてしまうのが現状である。

しかし、人口の四分の一近くの人々の意見を切り捨てては、地域民主主義の原理に反する。これからのグローバリゼーションの時代、人の移動はますます活発化するだろう。ディアスポラの意味転換と呼ばれるほど、祖国にこだわらず、全世界を相手に仕事をする人も増えている。祖国にこだわっていては仕事にならないことも起きる。このような人々にもどのような市民権を認めて統合していくかが、これから問われてくるに違いない。

おとなりの韓国で、〇五年に外国人へ地方参政権が付与されることになったことは前述した。容易に進展しない日本側の在日韓国・朝鮮人の参政権に対し、互恵主義のもとでの参政権付与も睨んでの英断である。韓国で対象となる日本人の数、五〇人程度に対し、日本での対象者数十万人規模では、その差があり過ぎるともいわれる。また韓国の施策は、大統領制を採用していることもあり、決定が速すぎて民衆の意識に根づいていないこともしばしば起きる。日本の施策の遅さと対照的である。

しかし、今回の韓国の決定は法律であり、制度にかかわるものだけに大きな意味をもつ。日本なみに、あるいは日本以上に伝統的であり、同一系民族の多い国といわれるなかで、新たな国づくりの挑戦が始まっている。このような隣国の変化のなかで、日本がどのような道を選択するか注目されている。

コラム⑦　スーパーダイバーシティの到来

近年イギリスでは、多文化主義ということがあまりいわれなくなった。理由はいくつかある。そのなかには、「多文化」を強調すると社会の「多分化」を促進させるだけとの危惧もある。二〇〇四年、当時人種関係委員会（Commission for Racial Equality しばしばCREと略される）議長のトレバー・フィリップス（Trevor Phillips）の「多文化主義（multiculturalism）は社会の分裂（separateness）を招くだけ」（Tomlinson, 2008, p. 161）との主張は、こうした不安を象徴するものだが、〇一年、〇三年のアフガニスタンやイラクへの労働党の肩入れ以降、特にイスラーム的文化を認める多文化政策には、世間の風当たりが強くなっている。

かわりに強調されるのは、二〇〇一年の北部暴動以来、社会のコミュニティ結合とも包摂ともいわれるものであり、グローバル化の進行や東欧圏の統合以降は、スーパーダイバーシティ（super diversity）という言葉である。

コミュニティ内部での、異文化の人も含めた共通の価値の育成と結合を呼びかけるコミュニティ結合・包摂は、〇六年の教育査察法（前述）により、〇七年九月の新学期からイングランドの公立学校で義務化され、〇八年九月からは教育基準協会（ＯＦＳＴＥＤ）から教授内容の審査もされることになった。一九七〇年代後半から八〇年代にかけての多文化・反人種差別教育は、いまやコミュニティ結合・包摂の準備教育に変わりつつあるともいえる。

また社会の多様性の増大も無視できない。イギリスのダイバーシティをこれまでの移民以上に促進したのは、九〇年代の難民の流入と〇四年、〇七年と続いた東欧圏のEUへの加盟である。特に〇四年五月の一〇カ国統合に際しては、キプロス共和国（通称南キプロス）とマルタ共和国はイギリスの元植民地なので別にしても、残り八カ国にもイギリスは入国後一カ月以内での登録以外、入国制限を設けなかった（その後〇七年に加盟したルーマニア人とブルガリア人には、事前の許可制を導入）。そのため多くの東欧圏の人がイギリスに流れ込み、社会の多様性が一挙に加速した。

考えてみれば、イギリスは歴史の節々で関係諸国からの移民の大量入国の経験をもつ。戦前は、アイルランド人とユダヤ人のヨーロッパ系であったが、戦後はカリブ系に始まり、インド亜大陸系、東アフリカのアジア系、香港経由の中国系、これらにさらなる多様性を加えるかのように、二〇世紀最後半にはバルカン半島や現在も続くアフリカ諸国からの難民、そして東欧圏の人々の入国である。

近年のスーパーダイバーシティの特徴は、以前のような旧植民地国の巨大なコミュニティではなく、はるかに数の小さな、しかも言語も文化も異なる多集団の存在であり、植民地関係のない、それだけにイギリス人にとってもまったく新しい経験となる集団の出現である。そのため社会や文化の政策課題も、差異は差異として認め差別の根拠にしない多文化・反差別よりも、それぞれ

表 8　ロンドンの異なる言語の話者

（人）

英　語	5,636,500	トルコ語	73,900
パンジャーブ語	155,700	アラビア語	53,900
グジャラート語	149,600	クレオール英語	50,700
ヒンディー語／ウルドゥー語	136,500	広東語	47,900
ベンガル語＆シレット語	136,300	ヨルバ語*	47,600

注：Vertovec, 2006, p. 11 より作成．ヨルバ語（yoruba）とは，西アフリカの有力なエスニック言語で，とくにナイジェリアには人口の５分の１以上の話者がいる．

異なる集団であっても共通の価値のもとに結びつくコミュニティ結合・包摂の方に関心が置かれるようになっている。

しかもこうした政策に関心をもつ母体が、生活や教育関連の部門ではなく、治安の維持に関わる内務省であることも特徴的なことであり、地域を異なるエスニックなコミュニティ単位の関係でみた場合、亀裂の修復に最大の関心が置かれている。

かくて地域には、以前のイギリスにもまして多様な人々、民族が小さなコミュニティを形成し生活しており、ロンドンでみると、一八〇カ国前後の人々がいて、一万人以上いる国も四二カ国にわたり、三〇〇以上の言語が話され、東欧圏の言語を含めずとも一万人以上の話者をもつ言語は二〇言語にも及ぶ。ロンドンという一都市に世界があり、教育に関していえば、学校の教員だけではもはや応じきれない段階に達している。ＥＵのなかの一都市の世界化の進行である。

それだけにロンドンとイギリス全体では、エスニシティ構成が異なる。〇四年の動向によると、ロンドンは一位インド、二位アイルランド、三位バングラデシュ、四位ジャマイカ、五位ナイジェリア、六位パキスタン、七位ケニア、八位スリランカ、九位ガーナ、一〇位キプロスであり、旧植民地国や途上国が多い。

他方、UK全体でみると一位アイルランド、二位インド、三位アメリカ、四位イタリア、五位ドイツ、六位フランス、七位南アフリカ、八位パキスタン、九位ポルトガル、一〇位オーストラリアとなり、EU加盟国や白人の元連邦国も登場する。この一事をみてもロンドンのスーパーダイバーシティの進行がわかる。

東京の世界都市化も進行しているが、ここではEU一都市のミニチュア版が起きているといえる。東アジア共同体が少しずつ現実味を増せば、東京のロンドンに似た動きも加速するに違いない。

あとがき

本書の目的は、日英を直接比較するのではなく、双方の隣国に対する植民地化との関係で、その後のオールドカマーの置かれている「市民」としての状況を比較することである。この背後には、日本ではイギリスに関しては随分論じられるが、アイルランドに関してはかなり限定されており、アイルランドのEU加盟以前と以後の変化もみたいという動機が働いている。といってもアイルランドにしろ韓国にしろ、両国を直接に比較することが本来の目的ではないので、その叙述はかなり限定されている。

本書の骨格は、かなり前からできていたが、いろいろ躊躇するところがあり、出版が延び延びになってしまった。躊躇していた最大の理由は、アイルランドはともかく、朝鮮半島に関する日本側の研究には汗牛充棟の観があり、当事者でもない筆者が、この期に及んでなお屋上屋を架すことに自信がなかったためである。

しかし本文でもふれた通り、二〇一〇年は日韓併合条約一〇〇年という節目を迎えた。この節目に、日韓と同じような関係にあった英愛との比較を通して、日本的問題の状況を確認することは、これからますます外国人が多くなる時代、筆者と同じくオールドカマー問題を踏まえてニューカマーを論じようとする者には、それなりに意味もあると考え公表することにした。

内容に関しては、二〇〇九年度立教大学大学院社会学研究科並びに立教大学平和・コミュニティ研究機構の併置科目の授業で話したものである。同大学院には、社会学研究科からはもとより、社会人の大学院生や外国人院生もおり、実にさまざまな意見を出していただいた。院生のなかには退職者や現役の大学教員、さらには専門学校、NPO、自治体等の第一線で活躍されている人も多く、講義しながら学ばせていただいたのは私の方であった。参加者の皆さんには、心からお礼を申し述べたい。

また原稿が出来上がったところで、在日の部分に関しこの研究の第一人者ともいえる、前・朝鮮大学校教授で現・在日朝鮮人歴史研究所研究部長の呉圭祥先生と法政大学大学院教授の高柳俊男先生に目を通していただき、私自身の認識の間違いや注意すべき点に関して多くの示唆を得た。少しでも誤りがただされているとすれば、両先生のおかげである。心からお礼を申し述べさせていただきたい。

なお、日本各地の調査に関しては、名古屋大学大学院近藤孝弘教授主催の研究会にお誘いいただき、各地を訪問する機会を得たことが大きい。これまた謝意を表したい。

編集を担当していただいた東京大学出版会の宗司光治氏には、読みやすさばかりではなく内容に関しても、さまざまなアドヴァイスをいただいた。急がずじっくり考える余裕を与えていただいたことに感謝したい。

最後に本書校正の段階で、東日本大震災が起きた。筆者は少年時代、親の仕事の関係で、被災地の一つ石巻に八カ月住んでいたことがある。震災後のテレビ放映によると、通学した北上川沿いの小学校周辺は、往時の姿をしのばせるものは何一つない瓦礫の山と化していた。

震災にあった青森から茨城までの地域には、オールドカマー、ニューカマーも含めて外国人も多く住んでいる。市民としての権利を問う市民権は、人としての権利である人権とどうかかわるのかが問われるが、今回のような人として生きることが根底から破壊される巨大災害の発生は、日本人の生活保障のみならず、これまでの外国人の地位・権利のあり方に関しその線引きも含め、根源的な問題を提起している。

本書の刊行も遅延を余儀なくされたが、震災で奪われた人々の命は二度と戻らないし、残された人々の生活再建には莫大な歳月と費用を要する。被災者の皆さんには、心からお悔やみ・お見舞いを申し上げたい。自分にも何ができるのか、みつめていきたいと思う。

佐久間孝正

人名索引

事項索引

サ

ナ

文　献

[英語文献]

Anwar, M., 1996, *British Pakistani : Demographic, Social and Economic Position,* Centre for Research In Ethnic Relations, University of Warwick（佐久間孝正訳，2002，『イギリスの中のパキスタン——隔離化された生活の現実』明石書店）.

Anwar, M., 2009, *Ethnic Minorities and Politics : The British Electoral System,* LAP, Lambert Academic Publishing.

Ardagh, J., 1995, *Ireland and the Irish,* Penguin Books.

BBC News, 2010, "How Conservatives' software targets Asian voters," 22, March, 2010.

Central Statistics Office, 2008, Central Statistics Office Ireland.

Colley, R., 1992, *Britons : Forging the Nation 1707-1837,* Yale University Press（川北稔訳，2000，『イギリス国民の誕生』名古屋大学出版会）.

D'Arcy, F., 1999, *The Story of Irish Emigration,* Mercier Press.

Fanning, B., 2002, *Racism and Social Change in the Republic of Ireland,* Manchester University Press.

Garner, S., 2004, *Racism in the Irish Experience,* Pluto Press.

Gmelch, G., 1985, *The Irishtinkers : The Urbanization of on Itinerant People,* Waveland Press（亀井好恵・高木晴美訳，1993，『アイルランドの漂泊民』現代書館）.

Hammar, T., 1990, *Democracy and the Nation State : Aliens, Denizens and Citizens in a World International Migration,* Aldershot : Avebury（近藤敦監訳，1999，『永住市民と国民国家——定住外国人の政治参加』明石書店）.

Hawes, D. and B. Perez, 1996, *The Gypsy and The State : The ethnic cleansing of British society,* The Policy Press.

Hegel, G. W. F., 1970, *Grundlinien der Philosophie des Rechts,* Werke in zwanzig Bänden, 7, Suhrkamp（藤野渉・赤澤正敏訳，1967，『法の哲学』

中央公論社).

Hickman, M. and B. Walter, 1997, *Discrimination and the Irish Community in Britain: A Report of Research, Undertaken for the Commission for Racial Equality,* Commission for Racial Equality.

Hobsbawm, E., 1983, *The Invention of Tradition,* Cambridge University Press (前川啓治・梶原景昭ほか訳, 1992, 『創られた伝統』紀伊國屋書店).

Holmes, C., 1992, *John Bull's Island: Immigration & British Society, 1871-1971,* Macmillan Press.

Houston, R. A., 1992, *The Population History of Britain and Ireland 1500-1750,* Macmillan Education LTD.

Hussey, G., 1995, *Ireland Today: Anatomy of a Changing State,* Penguin Books.

Jarvie, G., 1991, *Sport, Racism and Ethnicity,* Falmer Press.

Jayaweera, H. and T. Choudhury, 2008, *Immigration, faith and cohesion: Evidence from local areas with significant Muslim population,* Joseph Rowntree Foundation University of Oxford.

Joyce, J., 1914, *Dubliners* (結城英雄訳, 2009, 『ダブリンの市民』岩波文庫).

MacClancy, J., 1996, *Sport, Identity and Ethnicity,* Berg.

Mackey, J. P. and E. Macdonagh, 2003, *Religion and Politics in Ireland: at the turn of the millennium,* The Columba Press.

Marshall, T. H. and T. Bottomore, 1992, *Citizenship and Social Class,* Pluto Press (岩崎信彦・中村健吾訳, 1993, 『シティズンシップと社会的階級』法律文化社).

Marx, K. und F. Engels, 1956-68, *Werke - Schriften und Artikel,* 1-22, Dietz Verlag, Berlin (大内兵衛・細川嘉六監訳, 1959-75, 『マルクス・エンゲルス全集』大月書店).

McGrath, D., S. O'Keeffe and M. Smith, 2005, *Crisis Pregnancy Agency Statistical Report: Fertility and Crisis Pregnancy Indices.*

National Consultative Committee on Racism and Interculturalism, Supporting The Implementation of The National Action Plan Against Racism and Towards EU Year of Intercultural Dialogue 2008 (本文では NCCRI として引用).

O'Brien, J., 1989, *British Brutality in Ireland,* Mercier Press.

Office for National Sattistics, 2006, *Social Trends,* Palgrave Macmillan.

Osler, A. and K. Vincent, 2003, *Girls and Exclusion : Rethinking the agenda,* Routledge Falmer.

Osler, A. and H. Starkey, 2005, *Changing Citizenship,* Open University Press（清田夏代・関芽訳，2009，『シティズンシップと教育』勁草書房）.

Paseta, S., 2003, *Mordern Ireland : A Very Short Introduction,* Oxford University Press.

Sheehan, E., 2000, *Travellers : Citizens of Ireland,* Pat Pidgeon.

Spencer, S., 2006, *Migration and Integration : The Impact of NGOs on Future Policy Deveplopment in Ireland,* Joseph Rowntree Foundation University of Oxford.

Spencer, S., M. Ruhs, B. Anderson and B. Rogaly, 2006, *Fair Enough? Central and East European Migrants in low-wage Employment in the UK,* Joseph Rowntree Foundation University of Oxford.

Tomlinson, S., 2008, *Race and Education : Policy and Politics in Britain,* Open University Press.

Tovey, H. and P. Share, 2003, *A Sociology of Ireland,* Gill & Macmillan.

Vertovec, S., 2006, "*The Emergence of Super-Diversity in Britain,* Centre on Migration, Policy and Society," Working Paper, No. 25, University of Oxford.

Walter, B., 2000, "'Shamrocks Growing out of their Mouths' : Language and the Racialisation of the Irish in Britain," ed. by A. J. Kershen, *Language, Labour and Migration,* Ashgate.

［日本語文献］

浅川晃広，2007，『近代日本と帰化制度』渓水社.

安藤正次，1975，『安藤正次著作集』（全7巻）雄山閣.

李恢成，1997，「いきつもどりつ」『新潮』新年特大号，新潮社.

李光奎・崔吉城，2006，『差別を生きる在日朝鮮人』第一書房.

池上努，1966，『法的地位200の質問』京文社.

イシ，アンジェロ，2001，『ブラジルを知るための55章』明石書店.

石井進ほか，2010，『詳説 日本史』山川出版社.

犬塚孝明，1974，『薩摩藩英国留学生』中公新書．

今井宏，1994，『日本人とイギリス――「問いかけ」の軌跡』ちくま新書．

今井宏編，1996，『イギリス史2　近世』山川出版社．

ウェールズ，N.／キム・サン，2007，松平いを子訳『アリランの歌――ある朝鮮人革命家の生涯』岩波文庫．

海野福寿，2004，『韓国併合』岩波新書．

エンゲルス，F.，1989，全集刊行委員会訳『イギリスにおける労働者階級の状態』（1・2）国民文庫．

呉圭祥，1992，『在日朝鮮人企業活動形成史』雄山閣．

呉圭祥，2009，『ドキュメント在日本朝鮮人連盟』岩波書店．

呉民学，2003，「在日朝鮮人の就業状況の変化と同胞企業の経営状態について」『人権と生活』在日本朝鮮人人権協会．

大沼保昭，1993，『新版 単一民族社会の神話を超えて』東信堂．

大沼保昭，2005，『在日韓国・朝鮮人の国籍と人権』東信堂．

大沼保昭・徐龍達編，2005，『新版 在日韓国・朝鮮人と人権』有斐閣．

小沢有作，1973，『在日朝鮮人教育論』（歴史編）亜紀書房．

オフィス宮崎編訳，2009，『ペリー艦隊日本遠征記』（上・下）万来舎．

折原浩，2010，『マックス・ヴェーバーとアジア――比較歴史社会学序説』平凡社．

オールコック，R.，1997，山口光朔訳『大君の都』（上・中・下）岩波文庫．

加藤陽子，2009，『それでも日本人は「戦争」を選んだ』朝日出版社．

カーライル，T.，1962，上田和夫訳『カーライル選集3　過去と現在』日本教文社．

姜尚中，2004，『在日』講談社．

姜尚中，2010，『母――オモニ』集英社．

姜在彦，1997，『日本による朝鮮支配の40年』朝日文庫．

木畑洋一，2008，『イギリス帝国と帝国主義――比較と関係の視座』有志舎．

金時鐘，2001，『「在日」のはざまで』平凡社．

金石範，2001，『新編 「在日」の思想』講談社文芸文庫．

金英達，2003，『創氏改名の研究』未來社．

京都市外国人教育プロジェクト，2008，『外国籍及び外国にルーツをもつ児童生徒に関する実態調査のまとめ』京都市教育委員会．

黒川洋治，2006，『在日朝鮮・韓国人と日本の精神医療』批評社．

江東・在日朝鮮人の歴史を記録する会編，2004，『東京のコリアン・タウン——枝川物語』樹花舎．

古関彰一，2009，『日本国憲法の誕生』岩波書店．

近藤敦，2002，「人権・市民権・国籍」駒井洋監修，近藤敦編『講座グローバル化する日本と移民問題 2　外国人の法的地位と人権擁護』明石書店．

今野敏彦・高橋幸春編，1993，『ドミニカ移民は棄民だった——戦後日系移民の軌跡』明石書店．

在日朝鮮人人権協会，2003，『人権と生活』第 17 号，在日朝鮮人人権協会．

在日本朝鮮人教職員同盟・在日本朝鮮人教育会編，1998，『朝鮮学校の国立大入学資格&助成——日弁連　首相，文相に勧告／調査報告書』．

佐久間孝正，1998，『変貌する多民族国家イギリス——「多文化」と「多分化」にゆれる教育』明石書店．

佐久間孝正，2002，「多文化，反差別の教育とその争点」宮島喬・梶田孝道編『国際社会 4　マイノリティと社会構造』東京大学出版会．

佐久間孝正，2006，『外国人の子どもの不就学——異文化に開かれた教育とは』勁草書房．

佐久間孝正，2007，『移民大国イギリスの実験——学校と地域にみる多文化の現実』勁草書房．

佐久間孝正，2011，『外国人の子どもの教育問題——政府内懇談会における提言』勁草書房．

佐々木克，2005，『幕末の天皇・明治の天皇』講談社学術文庫．

佐藤信行，「在日韓国・朝鮮人の法的地位をめぐる二〇年の闘いと現在」『外登法の抜本的改正を求める全国キリスト者一・一三全国集会』．

実松克義，2009，「ボリビア日系移民——サンファン移住地を中心にして」『外国人児童生徒の教育施策と自治体間格差の比較研究』科学研究費報告書（代表・佐久間孝正）．

サンソム，K.，1996，大久保美春訳『東京に暮す—— 1928-1936』岩波文庫．

杉原達，2002，『中国人強制連行』岩波新書．

清水睦美・「すたんどばいみー」編，2009，『いちょう団地発！　外国人の子どもたちの挑戦』岩波書店．

『ジュリスト』特集「東京都管理職試験最高裁大法廷判決」No. 1288，

2005. 4. 15.
初等中等教育における外国人児童生徒教育の充実のための検討会，2008，『外国人児童生徒教育の充実方策について』文部科学省.
人種差別撤廃 NGO ネットワーク，2010，（日本語版仮訳）『管理政策から人権政策への転換を求める NGO フォーラム』.
鈴木英夫・吉井哲編，2000，『歴史にみる日本と韓国・朝鮮』明石書店.
徐京植，2003，『半難民の位置から――戦後責任論争と在日朝鮮人』影書房.
副田義也，1997，『教育勅語の社会史――ナショナリズムの創出と挫折』有信堂.
高崎宗司，2004，『植民地朝鮮の日本人』岩波新書.
高崎宗司・朴正鎮編，2005，『帰国運動とは何だったのか――封印された日朝関係史』平凡社.
高柳俊男，1995，「東京・枝川町の朝鮮人簡易住宅建設をめぐる一考察」『史苑』56 巻 1 号，立教大学史学会.
田中明彦，2000，『ワード・ポリティクス――グローバリゼーションの中の日本外交』筑摩書房.
田中彰，2008，『明治維新』講談社学術文庫.
田中宏，1991，『在日外国人――法の壁，心の溝』岩波新書.
樽本英樹，2009，『よくわかる国際社会学』ミネルヴァ書房.
崔善愛，2000，『「自分の国」を問いつづけて――ある指紋押捺拒否の波紋』岩波ブックレット.
朝鮮高級学校教科書，2010，『現代朝鮮歴史』（1-3）（日本語訳）星への歩み出版.
鄭大均，2004，『在日・強制連行の神話』文春新書.
鄭大均，2006，『在日の耐えられない軽さ』中公新書.
常本照樹，2000，『アイヌ民族をめぐる法の変遷――旧土人保護法から「アイヌ文化振興法」へ』さっぽろ自由学校「遊」.
角田忠信，1996，『日本人の脳』大修館書店.
デ・オランダ，S. B.，1999，宮川健二訳『ブラジル人とは何か』新世研.
豊下楢彦，2008，『昭和天皇・マッカーサー会見』岩波文庫.
中野光・小笠毅編，1998，『子どもの権利条約』岩波ジュニア新書.
21 世紀研究会編，2001，『民族の世界地図』文春新書.
新渡戸稲造，1984，『新渡戸稲造全集 4　植民政策講義及論文集』教文館.

野中広務・辛淑玉，2009，『差別と日本人』角川書店.
芳賀徹，1991，『大君の使節——幕末日本人の西欧体験』中公新書.
朴一，1999，『〈在日〉という生き方——差異と平等のジレンマ』講談社.
朴尚得，1980，『在日朝鮮人の民族教育』ありえす書房.
林景一，2009，『アイルランドを知れば日本がわかる』角川書店.
原武史・吉田裕編，2005，『天皇・皇室辞典』岩波書店.
半藤一利，2009，『幕末史』新潮社.
平山洋，2004，『福沢諭吉の真実』文春新書.
福沢諭吉，1966，「帝室論」『福沢諭吉集』（『明治文学全集』8）筑摩書房.
福沢諭吉，1995a，『文明論之概略』岩波文庫.
福沢諭吉，1995b，『学問のすすめ』岩波文庫.
福沢諭吉，1996，『福翁自伝』岩波文庫.
福沢諭吉，2002，「西洋事情」『福沢諭吉著作集1　西洋事情』慶應義塾大学出版会.
藤田友治＋歴史・哲学研究所編，2005，『「君が代」の起源——「君が代」の本歌は挽歌だった』明石書店.
ベルツ，T. 編，2008，菅沼竜太郎訳『ベルツの日記』（上・下）岩波文庫.
本郷和人，2009，『天皇はなぜ生き残ったか』新潮新書.
松本健一，2008，『開国のかたち』岩波文庫.
マルチュケ，H. P.／村上淳一編，2006，『グローバル化と法』信山社.
水野直樹，2008，『創氏改名——日本の朝鮮支配の中で』岩波新書.
ミットフォード，A. B.，2004，長岡祥三訳『英国外交官の見た幕末維新——リーズデイル卿回想録』講談社学術文庫.
ミットフォード，A. B.，2007，長岡祥三訳『日本日記——英国貴族の見た明治』講談社学術文庫.
宮島喬，2004，『ヨーロッパ市民の誕生——開かれたシティズンシップへ』岩波新書.
『民族教育権4・16市民集会——「民族教育を受ける権利」確立をめざして』.
文京洙，2007，『在日朝鮮人問題の起源』クレイン.
文京洙，2008，『済州島四・三事件——「島のくに」の死と再生の物語』平凡社.
森護，1996，『英国王妃物語』河出文庫.
モーリス＝鈴木，テッサ，2003，大川正彦訳『辺境から眺める——アイヌ

が経験する近代』みすず書房.
安田敏朗, 2006,『「国語」の近代史』中公新書.
矢内原忠雄, 1963,『矢内原忠雄全集 1　植民政策研究』岩波書店.
尹慧瑛, 2007,『暴力と和解のあいだ——北アイルランド紛争を生きる人びと』法政大学出版局.
吉田松陰, 2008, 松本三之介・田中彰・松永昌三訳『講孟余話ほか』中公クラシックス.
米原謙, 2003,『徳富蘇峰——日本ナショナリズムの軌跡』中公新書.
『RAIK 通信』2001, No. 67, 70, 71, 2006, No. 98, 在日韓国人問題研究所.
良知力, 1993,『向う岸からの世界史——一つの四八年革命史論』ちくま学芸文庫.
若林正丈, 2001,『矢内原忠雄「帝国主義下の台湾」精読』岩波文庫.
若林正丈, 2008,『台湾——変容し躊躇するアイデンティティ』ちくま新書.
和田春樹・石坂浩一編, 2002,『岩波小事典 現代韓国・朝鮮』岩波書店.

著者略歴
1943年　生まれる
1970年　東北大学大学院教育学研究科教育学専攻博士
課程中退
現　在　東京女子大学名誉教授，元立教大学教授

主要著書
『イギリスの多文化・多民族教育』（国土社，1993年）
『変貌する多民族国家イギリス』（明石書店，1998年）
『外国人の子どもの不就学』（勁草書房，2006年）
『移民大国イギリスの実験』（勁草書房，2007年）
『外国人の子どもの教育問題』（勁草書房，2011年）

在日コリアンと在英アイリッシュ
オールドカマーと市民としての権利

2011年5月24日　初　版

［検印廃止］

著　者　佐久間《さくま》　孝正《こうせい》

発行所　財団法人　東京大学出版会
代 表 者　渡辺　浩
113-8654 東京都文京区本郷7-3-1 東大構内
電話 03-3811-8814　Fax 03-3812-6958
振替 00160-6-59964

印刷所　株式会社三陽社
製本所　牧製本印刷株式会社

ISBN 978-4-13-050175-0　Printed in Japan